Frommer's®

PUBLIFOLHA

GUIA Barcelona dia a dia™

Todas as maneiras de explorar a cidade

Neil Edward Schlecht

Sumário

TAPAS

Coordenação do Projeto: Publifolha
Coordenação Editorial: Camila Saraiva
Coordenação de Produção Gráfica: Soraia Pauli Scarpa
Assistência de Produção Gráfica: Mariana Metidieri

Produção Editorial: Editora Página Viva
Edição Final: Rosi Ribeiro
Tradução e Edição: Rosemarie Ziegelmaier
Revisão: Ibraima Dafonte Tavares e Rita Del Monaco
Direção de Arte: Priscylla Cabral

Wiley Publishing
Edição: Cate Latting
Edição de Produção: Jana M. Stefanciosa
Edição de Foto: Richard Fox
Cartografia: Andrew Murphy
Produção: Wiley Indianapolis Composition Services

Dados Internacionais de Catalogação na Publicação (CIP)
(Câmara Brasileira do Livro, SP, Brasil)

Schlecht, Neil Edward
Frommer's Guia Barcelona dia a dia : todas as maneiras de explorar a cidade / Neil Edward Schlecht ; [tradução Rosemarie Ziegelmaier]. – São Paulo : Publifolha, 2009. – (Frommer's dia a dia)

Título original: Frommer's Barcelona day by day.
ISBN 978-85-7914-032-7
1. Barcelona (Espanha) - Descrição e viagens - Guias I. Título. II. Série.

09-02021 CDD-914.672

Índices para catálogo sistemático:
1. Barcelona : Espanha : Guias de viagem 914.672
2. Guias de viagem : Barcelona : Espanha 914.672

A grafia deste livro segue as regras do **Novo Acordo Ortográfico da Língua Portuguesa.**

Foi feito o possível para garantir que as informações deste livro fossem as mais atualizadas disponíveis até o momento da impressão. No entanto, alguns dados como telefones, preços, horários de funcionamento e informações de viagem estão sujeitos a mudanças. Os editores não podem se responsabilizar por nenhuma consequência do uso deste guia, nem garantir a validade das informações contidas nos sites indicados.

Os leitores interessados em fazer sugestões ou comunicar eventuais correções podem escrever para a Publifolha, Al. Barão de Limeira, 401, 6º andar, CEP 01202-900, São Paulo, SP, enviar um fax para: (11) 3224-2103 ou um e-mail para: atendimento@publifolha.com.br

PUBLIFOLHA
Divisão de Publicações do Grupo Folha
Al. Barão de Limeira, 401, 6º andar, CEP 01202-900, São Paulo, SP
Tel.: (11) 3224-2186/2187/2197
www.publifolha.com.br

Impresso em junho de 2009 pela gráfica Aquarela, sobre couché fosco 90g/m².

Nota do editor

Como aproveitar seu tempo da melhor maneira possível – eis o principal assunto deste guia.

Vários guias oferecem listas de atrações, mas sem organizá-las. O *Guia Dia a Dia* é diferente: além de apontar o que existe de melhor, informa sobre como aproveitar a experiência de viagem da forma mais fácil e sem perda de tempo. Nossos autores traçaram trajetos detalhados de acordo com a duração do passeio, a região visitada ou os interesses do visitante. Cada trajeto vem com um mapa, que permite visualizar a localização das atrações.

Quer ver o melhor da arquitetura modernista, passear pela Rambla ou aproveitar a gastronomia de Barcelona? Planejar uma caminhada por La Ribera ou passar um dia divertido com seus filhos? Seja qual for seu interesse, o *Guia Dia a Dia* propõe o melhor itinerário. Além de apresentar as principais atrações, a obra convida o leitor a vasculhar aqueles encantos especiais que só quem mora no local conhece – pequenas descobertas que marcam a diferença entre o viajante de verdade e o turista apressado.

O *Guia Dia a Dia* também é a melhor opção para quem procura os melhores hotéis e restaurantes para todos os bolsos, as boas dicas de compras, os destaques da vida noturna. Nada fica de fora.

Nossos autores visitaram todos os lugares citados nos guias. São profissionais independentes, com liberdade para emitir opiniões e fiéis ao compromisso de jamais citar algum local que não indicariam a um amigo.

Aproveite o seu *Guia Dia a Dia*, o melhor companheiro que você poderia encontrar. E faça a viagem da sua vida.

Um abraço,

Michael Spring, editor da série
Guias Frommer's

Sobre o autor

Neil Edward Schlecht é escritor freelancer e mora em Connecticut, EUA. Seu primeiro contato com a Espanha foi como professor de inglês de um curso de férias no Collegi Sant Ignasi, em Barcelona. Ele voltou à capital catalã pouco antes das Olimpíadas de 1992 e passou a maior parte da década lá, trabalhando em projetos de desenvolvimento econômico e social para a União Europeia. Nesse período também contribuiu com artigos para uma revista espanhola de arte e antiguidades. Neil é autor e coautor de uma dezena de guias de viagem, entre os quais estão *Frommer's Peru, Frommer's Cuba, Frommer's América do Sul, Frommer's Nova York e Frommer's Texas*. Mas nada o estimula tanto quanto descobrir novos restaurantes e novos vinhos na Espanha.

Agradecimentos

Agradeço à minha editora, Cate Latting, pelo estímulo, pela atenção às peculiaridades da língua catalã e pelas bem-vindas doses de sarcasmo.

Esclarecimento

Alertamos que todas as informações de um guia de viagem estão sujeitas a alterações a qualquer momento, sobretudo no que se refere aos preços. Por isso, aconselhamos a confirmação prévia dos valores, por telefone ou e-mail, na hora de planejar a viagem. Os autores, os editores e a companhia editora não podem ser responsabilizados pelas diferenças de valores eventualmente verificadas pelos leitores. Além disso, nunca é demais prestar atenção na segurança: esteja sempre atento e avalie bem os lugares que visitar.

Classificação, ícones e abreviações

Todos os hotéis, restaurantes e atrações relacionados neste guia foram classificados de acordo com a qualidade, o preço, os serviços, a estrutura e eventuais características de destaque, dentro de um **sistema de estrelas**. Hotéis, restaurantes, atrações, lojas e locais de diversão recebem a classificação entre nenhuma estrela (local recomendado) a três estrelas (excelente). Além desse sistema de classificação, usamos o ícone para destacar as melhores opções para famílias com crianças. Cada trajeto inclui cafés, bares ou restaurantes (o ícone que indica esses locais é).

As seguintes **abreviações** identificam os principais cartões de crédito:

AE	American Express	DISC	Discover	V	Visa
DC	Diners Club	MC	MasterCard		

Internet

Agora que você conta com o melhor guia para fazer uma grande viagem, visite nosso site **www.frommers.com** e encontre informações sobre mais de 3 mil destinos. Atualizado com regularidade, nosso site dá acesso instantâneo às informações mais atuais – de preços de tarifas aéreas e de hospedagem a diárias de locação de carros. Se quiser, você pode fazer reservas on-line junto a nossos parceiros.

Preços

Os guias Frommer's apresentam os preços na moeda corrente no país de destino. As taxas de câmbio flutuam constantemente. Por isso, aconselhamos a consulta dos valores atualizados por ocasião de sua viagem. Uma dica é o site www.oanda.com/convert/classic.

Na parte destinada à sugestão de hotéis e restaurantes, usamos um sistema de cifrões em dólar para indicar a variação do preço de uma diária (para um quarto de casal) ou do prato principal de uma refeição simples. Para compreender essa classificação, use a legenda a seguir:

Valor	Hotéis	Restaurantes
$	Até US$100	Até US$10
$$	US$100-200	US$10-20
$$$	US$200-300	US$20-30
$$$$	US$300-400	US$30-40
$$$$$	Acima de US$400	Acima de US$40

Convite

Durante a pesquisa para a elaboração deste guia, encontramos diversos lugares maravilhosos (hotéis, restaurantes, lojas etc.). Temos certeza de que você descobrirá muitos outros e gostaríamos que nos informasse, a fim de partilharmos a informação com mais leitores nas próximas edições.

15 **Destaques** de Barcelona

15 **Destaques** de Barcelona

Página anterior: as chaminés de La Pedrera.

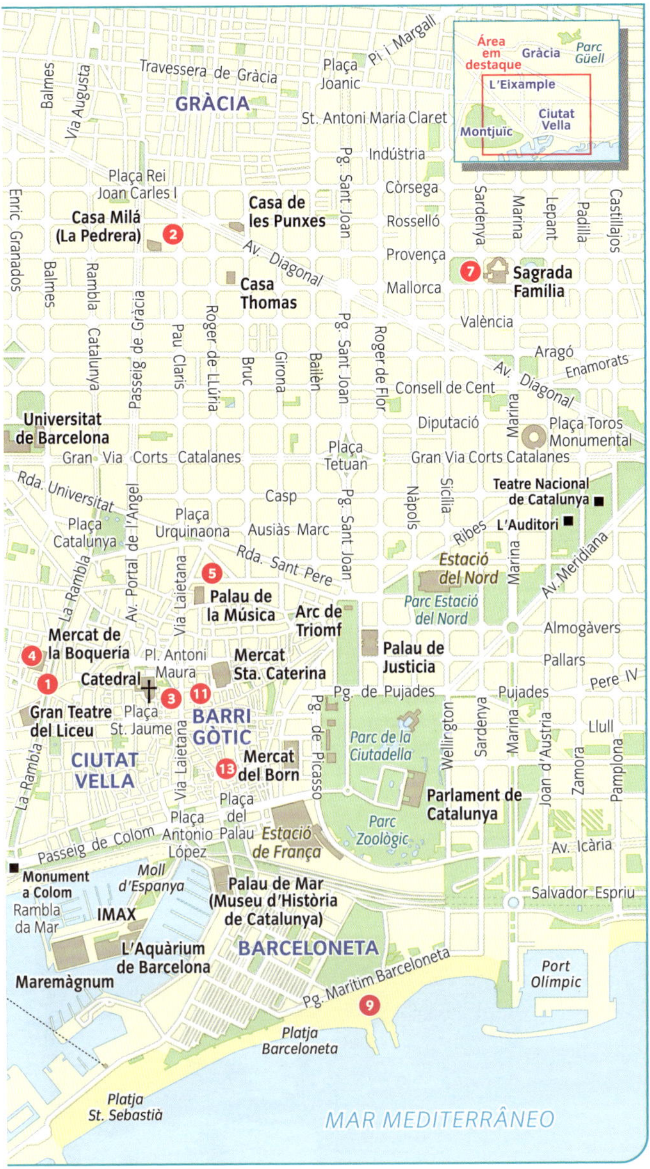
Área em destaque
Gràcia
Parc Güell
L'Eixample
Ciutat Vella
Montjuïc
GRÀCIA
Travessera de Gràcia
Plaça Joanic
Pi i Margall
St. Antoni Maria Claret
Indústria
Còrsega
Rosselló
Provença
Mallorca
València
Aragó
Enamorats
Consell de Cent
Diputació
Gran Via Corts Catalanes
Balmes
Via Augusta
Plaça Rei Joan Carles I
Enric Granados
Rambla Catalunya
Passeig de Gràcia
Pau Claris
Roger de Llúria
Bruc
Girona
Bailèn
Pg. Sant Joan
Roger de Flor
Sardenya
Marina
Lepant
Padilla
Castillejos
Casa Milá (La Pedrera)
2
Casa de les Punxes
Av. Diagonal
Casa Thomas
7
Sagrada Família
Universitat de Barcelona
Plaça Tetuan
Plaça Toros Monumental
Rda. Universitat
Plaça Catalunya
Plaça Urquinaona
Casp
Ausiàs Marc
Rda. Sant Pere
Nàpols
Sicília
Ribes
Teatre Nacional de Catalunya
L'Auditori
Av. Meridiana
Estació del Nord
Parc Estació del Nord
La Rambla
Av. Portal de l'Àngel
Via Laietana
5
Palau de la Música
Arc de Triomf
Palau de Justicia
Almogàvers
Pallars
Pere IV
Mercat de la Boquería
4
1
Pl. Antoni Maura
Mercat Sta. Caterina
Catedral
3
11
Pg. de Pujades
Pujades
Gran Teatre del Liceu
Plaça St. Jaume
BARRI GÒTIC
Pg. de Picasso
Parc de la Ciutadella
Wellington
Joan d'Austria
Zamora
Llull
Pamplona
CIUTAT VELLA
13
Mercat del Born
Parlament de Catalunya
Plaça del Palau
Plaça Antonio López
Estació de França
Parc Zoològic
Av. Icària
Passeig de Colom
Monument a Colom
Moll d'Espanya
Palau de Mar (Museu d'Història de Catalunya)
Salvador Espriu
Rambla da Mar
IMAX
L'Aquàrium de Barcelona
BARCELONETA
Maremàgnum
Pg. Marítim Barceloneta
Port Olímpic
9
Platja Barceloneta
Platja St. Sebastià
MAR MEDITERRÂNEO

Com tantos encantos e surpresas, é um mistério o porquê de Barcelona ter demorado tanto para se tornar um dos mais disputados destinos turísticos do mundo. A cidade atrai gente que gosta de arquitetura, de moda e da boa mesa, e também não deixa nada a dever em termos de diversão e baladas noturnas. Quem volta da capital catalã traz experiências memoráveis na bagagem.

1 Passear por La Rambla. Principal artéria da cidade, a via exclusiva para pedestres chamada de Rambla concentra a vida da cidade, e é nela que se sente o gostinho de estar em Barcelona. Há vendedores de flores e estátuas vivas por toda parte. *Ver pág. 56.*

2 Ouvir jazz em La Pedrera. Uma das construções mais impressionantes de Antoni Gaudí, exibe chaminés surreais no topo. No verão, o local ganha vida com uma programação que inclui shows de jazz, swing, flamenco e tango. Ideal para saborear um *cava* e observar o movimento no elegante Passeig de Gràcia, logo abaixo. *Ver pág. 127.*

3 Explorar o Barri Gòtic. O "bairro gótico", na verdade, é um conjunto de ruas estreitas e construções medievais. Ótimo para ser explorado a pé (a surpresa está em encontrar praças e pátios serenos no meio deste labirinto). Sugestões: ande pela Sant Sever até a Plaça Sant Felip Neri ou caminhe pelo Carrer Banys Nous, repleto de belos antiquários. *Ver pág. 60.*

A Rambla concentra atrações peculiares, como os criativos artistas de rua.

4 Encantar-se no Boquería. As bancas de frutas e verduras do mercado mais badalado de Barcelona oferecem um banquete para os sentidos. É difícil escolher entre as magníficas ofertas de frutos do mar, carnes e temperos.

Os antiquários do Barri Gòtic guardam preciosidades.

O mercado de La Boquería é o paraíso para os adeptos da arte de bem comer.

Quem procura um lugar para uma refeição rápida à beira do balcão deve procurar o Bar Pintxo ou El Quim. *Ver pág. 58.*

5 Assistir a um concerto no Palau de la Música. Esta magnífica obra modernista, erguida em 1908, atrai hordas de visitantes interessados em conhecer sua arquitetura. Mas nada se compara a assistir a um show aqui: os encantos desta pérola Art Nouveau dividem as atenções com a atração no palco, seja um quarteto de música de câmara, seja Lou Reed. *Ver pág. 124.*

6 Saborear a surpreendente culinária catalã. Comandada por nomes de destaque como Ferrán Adrià, a culinária da Catalunha ocupa espaço central no cenário gastronômico. De chiques bares de *tapas* a restaurantes minimalistas, onde atuam *chefs*-celebridades, Barcelona nunca decepciona quem gosta de comer bem. *Ver pág. 93.*

7 Admirar a Sagrada Família. A lendária igreja projetada por Gaudí permanece inacabada quase um século depois do início de sua construção. Ao apreciar esta maravilha, lembre-se: ela está apenas pela metade. Suas espiras, que lembram velas derretendo, são a marca de Barcelona. *Ver pág. 25.*

8 Conhecer a Barcelona antiga. A modernidade da cidade oculta tesouros do passado, como uma chocolateria em estilo modernista erguida nos anos 1920 e uma *granja*, que prepara bebidas à base de chocolate há cerca de 125 anos, sem falar nas casas de embutidos comandadas pelas mesmas famílias há várias gerações. *Ver pág. 46.*

9 Andar de bicicleta na praia. Há apenas duas décadas, a cidade redescobriu a área portuária. Totalmente revitalizada, a orla de Barcelona tem praias limpas e convidativas ciclovias. Para comer, tente uma das casas de frutos do mar de Barceloneta. *Ver pág. 90.*

Aproveite a visita à Catalunha para provar o cava, o espumante local.

10 Provar os *cavas* catalães. Em qualquer lugar da Espanha podem-se encontrar deliciosas *tapas* (aperitivos), mas em Barcelona elas são acompanhadas de *cavas*, espumantes produzidos na região. As *xampanyerías* são locais ideais para provar a bebida. *Ver pág. 117.*

11 Apreciar a última moda criada nas ruas antigas. Tendo como cenário palácios e igrejas góticas e construções seculares, os criadores de moda e *design* tomaram conta de bairros como La Ribera e Born. Uma passeio encantador para quem quer conhecer as tendências para as próximas estações. *Ver pág. 64.*

12 Descobrir a cultura tradicional da Catalunha. La Mercé, principal festa da cidade, oferece atrações para todos os gostos: *castellers* (torres humanas que podem chegar a oito "andares"), *gigants* e *cab grosses* (figuras alegórias presentes nos desfiles), e até representações do demônio, que passam de um lado para outro no meio dos *correfocs*. Momento único para conhecer o espírito e as tradições da Catalunha. *Ver pág. 161.*

13 Emocionar-se em Santa María del Mar. Esta igreja gótica, situada em plena agitação de La Ribera, exibe perfeição arquitetônica em amplas dimensões. No final da tarde, transforma-se num santuário de serenidade – atmosfera que muda completamente quando a igreja sedia um badalado casamento. *Ver pág. 65.*

14 Subir ao Tibidabo de bonde. É possível compreender o gracioso traçado urbano de Barcelona rumo ao mar conforme se sobe para o Tibidabo, monte situado atrás da cidade, a bordo do antigo bonde (*tramvía blau*). Quando as condições climáticas permitem, dá para ver o traçado das ruas de L'Eixample. *Ver pág. 21.*

15 Apaixonar-se pela Catalunha. Basta se afastar um pouco de Barcelona para sentir mais a essência da Catalunha: vá de teleférico até Montserrat, um convento encravado na montanha; surpreenda-se com a genialidade de Salvador Dalí em Figueres; e perca-se nas ruas do antigo bairro judaico de Girona. *Ver pág. 146.*

O Teatre Museu Dalí é uma das atrações de Figueres.

1 Roteiros **imperdíveis**

O melhor em **um dia**

Página anterior: um artista retrata a Sagrada Família.

Este roteiro, intenso, concentra atrações-chave, começando com o melhor da arquitetura modernista da cidade. Após um passeio pelas imperdíveis Ramblas, o roteiro leva até os destaques da parte antiga, a chamada *Ciutat Vella*. É essencial calçar sapatos adequados para caminhar bastante. INÍCIO: **Metrô até Sagrada Família.**

1 ★★★ Sagrada Família. Antoni Gaudí não terminou a construção desta famosa catedral, hoje um "testamento" da singular visão do artista sobre a arte do impossível. Para alguns o melhor exemplo do modernismo, a igreja inacabada é um dos cartões-postais de Barcelona. A obra, que teve início em 1882, destaca-se pelas espiras (as quais lembram velas derretendo) e pela profusão de símbolos religiosos. Gaudí foi atropelado por um bonde antes de terminar a obra, e, ainda que muitos acreditem que ela deva permanecer como está, uma fundação privada tenta arrecadar os recursos necessários para concluir o projeto até 2026, ano do centenário da morte de Gaudí. *1 h. Mallorca 401. ☎ 93-207-30-31. www.sagradafamilia.org. Ingressos €8 adultos. Diariam. jan-mar e out-dez 9h-18h; abr-set 9h-20h. Metrô: Sagrada Família.*

La Pedrera é considerada uma das obras-primas de Antoni Gaudí.

2 ★★★ La Pedrera. Há quem afirme que a grande pérola do movimento modernista é o prédio de apartamentos, projetado por Antoni Gaudí, chamado de Casa Milà – mas mais conhecido como La Pedrera. A parte externa aparenta ser obra da natureza, com a fachada ondulada que se destaca acima do Passeig de Gràcia e a esquina com a Rua Provença. O magnífico telhado, muito visitado, está "protegido" por chaminés que lembram guerreiros (parecem ter servido de inspiração para Darth Vader). *1 h. Passeig de Gràcia 92 (Provença). ☎ 902-40-09-73 ou 902-10-12-12 ingressos antecipados. www.fundaciocaixacatalunya.org. Ingressos €8 adultos, €4,50 estudantes; integra o bilhete da ArticketBCN. Diariam. 10h-20h. Fechado: 25-26 dez e 1-6 jan. Visitas guiadas em inglês, espanhol e catalão. Metrô: Diagonal ou Provença.*

Entalhe em pedra da Sagrada Família.

3 ★★ **tapaç 24.** O bar de *tapas* do *chef* Carles Abellán, que também atua no Comerç 24, é bom lugar para uma parada na região do Passeig de Gràcia. Peça os aperitivos e aprecie grandes sabores em pequenas porções, de preferência junto com uma taça de vinho ou *cava*. ***Carrer Diputaciò 269. ☎ 93-488-09-77. $$.***

4 ★★★ **Casa Batlló.** Esta construção é o destaque da *illa de la discòrdia* (ilha da discórdia), quarteirão que reúne famosos edifícios modernistas. A fachada é típica de Antoni Gaudí, que reformou o local em 1906. Idealizada com inspiração na lenda de são Jorge (padroeiro da Catalunha), a casa exibe lindos fragmentos de cerâmica e telhado que lembra o dorso de um dragão. Os balcões parecem máscaras de carnaval ou ameaçadoras mandíbulas de monstros. A parte interna, que abriga móveis projetados por Gaudí, também impressiona (pena que a visita guiada seja caríssima). ***30 min. Passeig de Gràcia 43. ☎ 93-488-06-66. Ingressos €17 adultos, €14 estudantes e crianças maiores de 5 anos. Diariam. 9h-20h. Metrô: Passeig de Gràcia.***

5 ★★ **Casa Amatller.** Puig i Cadafalch, contemporâneo de Gaudí, criou esta casa magnífica, obra inaugural da *illa de la discòrdia*, em 1900. Com aparência medieval e fachada recoberta de cerâmica, exibe teto com inspiração flamenga, além de lindos entalhes em pedra e trabalhos em ferro. A temática predominante é o chocolate – ramo de negócio dos proprietários originais da casa. ***10 min. Passeig de Gràcia 41. ☎ 93-488-01-39. Térreo aberto ao público seg-sáb 10h-19h. Metrô: Passeig de Gràcia.***

6 ★ **Casa Lleó Morera.** Esta casa de esquina, com decoração suntuosa, foi erguida em 1905 como última obra integrante da *illa de la discòrdia*. Seu projeto leva a assinatura de Domènech i Montaner, criador do Palau de la Música Catalana e do Hospital Sant Pau. A casa fica ainda mais bela quando iluminada à noite, e, atualmente, abriga uma loja – que destruiu parte da fachada e a impressionante estrutura interna do térreo. ***Passeig de Gràcia 35. Com exceção da loja Loewe, o local não pode ser visitado. Metrô: Passeig de Gràcia.***

As formações da Casa Batlló lembram o dorso de um dragão.

Banca de flores na Rambla.

7 ★★★ **La Rambla.** Esta via exclusiva para pedestres é o centro da atividade da capital catalã. Movimentada a qualquer hora do dia, abriga mercados de alimentos, cafés e construções históricas. À noite, a parte sul pode ser menos recomendável. La Rambla é dividida em cinco vias, cada uma com características e atrações próprias, mas em geral todas contam com bancas de jornal, vendedores de flores e muita movimentação de moradores e de turistas. É comum encontrar aqui peculiares estátuas vivas, com roupas e adereços chamativos. Na parte inferior da via, à esquerda de quem olha para o porto, situa-se a Plaça Reial, uma grande praça com cafés, palmeiras, arcadas e postes de luz projetados pelo mestre modernista Antoni Gaudí. *30 min. A partir da Plaça de Catalunya. Metrô: Plaça de Catalunya.*

8 ★★★ **Mercat de La Boquería.** Se não o maior, este é com certeza um dos mais animados mercados de alimentos de toda a Europa, além de prova concreta do amor dos catalães pela boa comida. É uma experiência memorável percorrer suas mais de 300 bancas de

Aspectos práticos

ArticketBCN: com um único ingresso (www.articketbcn.org) é possível visitar sete dos principais museus de arte de Barcelona, entre eles o Museu Picasso, o Museu Nacional d'Art de Catalunya (MNAC), a Fundació Joan Miró e o Museu d'Art Contemporani de Barcelona (MACBA). O bilhete pode ser comprado (€20; válido por 6 meses) nas bilheterias dos museus, no posto de informação turística da Plaça de Catalunya, nas agências da Caixa Catalunya, por telefone ou internet (☎ 902-101-212 ou 34-93-326-29-46 para chamadas feitas de outros países; www.telentrada.com).

O Mercat de La Boquería atrai moradores e turistas, com sua oferta de alimentos.

alimentos, parando aqui e ali para admirar frutas, verduras, carnes e peixes. Os frutos do mar frescos são atração à parte: repare nas enguias, nos camarões e mariscos, cuja abundância e variedade indicam o gosto refinado dos catalães. Alguns bares e restaurantes funcionam no Mercat de la Boquería. *30 min. La Rambla 91-101. 93-318-25-84; seg-sáb 8h-20h; Metrô: Liceu.*

9 ★ **Café de la Ópera.** Uma instituição da cidade. Aberto em 1929 e instalado em frente ao Teatre Liceu, este café funciona como bar à moda antiga durante o dia. A partir do final da tarde, a animação toma conta do ambiente, que se torna ponto de encontro da clientela boêmia. Vale a pena dar uma olhada no cardápio de doces e sobremesas da casa. *Rambla 74. 93-317-75-85. $.*

10 ★★ **Catedral de Barcelona.** Ponto central da parte antiga da cidade e belo exemplo da arquitetura gótica catalã, esta catedral começou a ser erguida em 1298. Sua construção, porém, se prolongou até o século 15. Não deixe de ver o coro com entalhes de madeira e o claustro: trata-se de um oásis em pleno bairro medieval, com lago, magnólias, palmeiras e gansos. *45 min. Plaça de la Seu s/n. 93-315-15-54. Acesso gratuito para*

O Café de la Ópera é ideal para uma refeição leve de dia ou um drinque à noite.

O Museu Picasso reúne cerca de 2.500 obras do famoso artista.

a catedral; ingresso para o museu €1. Elevador: 10h30-13h30 e 17h-18h, €2. Ingresso com acesso para visitas guiadas ao museu, coro, terraços e torres €4. A catedral fica aberta diariam. 9h-13h e 17h-19h; o museu do claustro diariam. 10h-13h e 16h-18h30. Metrô: Jaume I.

11 ★★★ **Museu Picasso.** Pablo Picasso nasceu no sul da Espanha, mas passou boa parte da juventude e os primeiros anos de sua atividade artística em Barcelona, antes de se tornar um dos artistas mais célebres do século 20. Este museu guarda o maior acervo de Picasso em sua terra natal: exibe cerca de 2.500 pinturas e esculturas, várias delas da época inicial do artista, como o chamado Período Azul. O destaque é a série *As Meninas,* com 59 estudos da obra-prima de Velázquez. O museu está instalado em várias construções do século 15, erguidas em uma rua de acesso exclusivo para pedestres e repleta de casas medievais. ◷ *1 h. Montcada 15-23.* ☎ *93-319-63-10. www.museupicasso.bcn.es. Ingressos €6 adultos, €4 estudantes e menores de 25 anos (grátis para menores de 16 anos). Aceita o ingresso da ArticketBCN. Grátis primeiro domingo do mês. Ter-sáb 10h-20h; dom 10h-15h. Metrô: Jaume I.*

12 ★★ **Santa María del Mar.** Magnífica igreja em estilo gótico catalão, erguida no século 14. Não tem decoração opulenta ou entalhes de pedras preciosas, e tampouco abriga obras de arte de valor inestimável. Simples e solene, na verdade trata-se de um lugar de inspiração, que impressiona os visitantes mais pela proporção arquitetônica das três naves, pelas amplas colunas e por seus lindos vitrais. ◷ *15 min. Plaça de Santa María.* ☎ *93-215-74-11. Grátis. Seg-sáb 9h-13h30 e 16h30-20h, dom 9h-14h e 17h-20h30. Metrô: Jaume I.*

13 ★★ **La Vinya del Senyor.** Este pequeno bar de vinhos com mesas ao ar livre, situado na bela praça diante da Igreja de Santa María del Mar, oferece carta com mais de cem vinhos, alguns vendidos em taça. Para acompanhar, belisque os queijos e embutidos catalães. *Plaça de Santa María, 5.* ☎ *93-310-33-79. $$.*

O melhor em **dois dias**

Depois do agitado primeiro dia, é hora de programação mais suave. Comece com uma visita ao Barri Gòtic e entre em contato com o passado da cidade antes de conhecer a revitalizada região beira-mar, que, desde a Olimpíada de 1992, transformou-se em disputada área de lazer. Caminhe pelo porto, almoce na região de Barceloneta e, se o tempo permitir, arrisque um banho de sol ou um coquetel à beira da praia, antes de jantar na badalada área de Port Olímpic. INÍCIO: **Metrô até Jaume I.**

1 ★★ **Conjunt Monumental de la Plaça del Rei.** Numa bela praça da parte antiga da cidade, a graciosa Plaça del Rei, cercada por um fragmento de antiga muralha romana, situa-se o **Museu d'Història de la Ciutat**. A principal atração é o passeio pela parte subterrânea, onde se podem ver as fundações de Barcino, cidade erguida aqui pelos romanos e visigodos. O Palau Reial Major, do século 11, foi construído para servir de residência aos reis da Catalunha e Aragão. Segundo a lenda, foi aqui que o rei Fernando e a rainha Isabel receberam Cristóvão Colombo depois de sua volta da América. *1½ h. Plaça del Rei s/n. ☎ 93-315-11-11. www.museuhistoria.bcn.es. Ingressos €4 adultos, €2,50 estudantes, grátis para menores de 16 anos. Jun-set ter-sáb 10h-20h; out-mai ter-sáb 10h-14h e 16h-20h; no ano todo dom 10h-15h. Metrô: Jaume I.*

Busto do imperador romano Nerva, exposto no Museu d'Història de la Ciutat.

2 ★★★ **Mesón del Café.** É difícil que no mundo existam outros cafés como este, em atividade há mais de cem anos. Os clientes vêm aqui para saborear *café con leche, café solo, cortado* ou *picardía* (café com leite condensado e uísque). Além do excelente serviço, o clima do lugar é simplesmente encantador. *Llibretería 16. ☎ 93-315-07-54. $.*

3 ★★ **Museu Marítim.** O passado marítimo de Barcelona pode ser apreciado neste ótimo museu, instalado no Reials Drassanes, antigo estaleiro real. Em exposição, destaca-se a impressionante réplica de um navio do século 16, o *Galería Reial*. O galpão que abriga o museu já vale a visita: com seus arcos, colunas e abóbadas, no passado ficava à beira-mar e era onde as embarcações passavam por manutenção. *1 h. Av. de les Drassanes s/n. ☎ 93-342-99-20. Ingressos €6 adultos, €3 crianças entre 7 e 16 anos. Diariam. 10h-19h. Metrô: Drassanes.*

No Museu Marítim, o visitante conhece a Barcelona dos antigos navegantes.

A vida marinha em exposição no Barcelona Aquàrium.

4 Monument a Colom. A estátua de Cristóvão Colombo, erguida em 1888, mostra o descobridor da América apontando para a direção errada (teoricamente, o Novo Mundo), mas é um famoso ponto de encontro, além de marco que divide a parte final da Rambla e a orla. Pode-se subir de elevador para apreciar lindas vistas.
30 min. Portal de la Pau s/n.
93-302-52-24. Ingressos €2,40 adultos, €1,40 crianças de 4 a 12 anos. Jun-set 9h-20h30; out-mai 10h-18h30. Metrô: Drassanes.

5 ★★ L'Aquàrium de Barcelona. No Port Vell está instalado um dos maiores aquários da Europa, que oferece 21 tanques de vidro com reproduções de diferentes *hábitats* marinhos. O destaque é o extenso túnel transparente: ao passar por ele, o visitante se vê virtualmente cercado de peixes, enguias, tubarões e outros bichos.
1 h. Moll d'Espanya-Port Vell.
93-221-74-74. www.aquariumbcn.com. Ingressos €15,50 adultos, €12,50 idosos, €10,50 estudantes e crianças entre 4 e 12 anos. Jul-ago diariam. 9h30-23h; set-jun seg-sex 9h30-21h, sáb-dom: 9h30-21h30. Metrô: Drassanes.

Monumento a Cristóvão Colombo.

6 ★ Moll de la Fusta/ Port Vell/Barceloneta. O Moll de la Fusta, concorrido local de passeio, compõe-se de ancoradouro e diversas esplanadas que acompanham o Passeig Colom e o antigo porto. Começa na estátua de Colombo, instalada no final da Rambla principal, e segue até a escultura de Xavier Mariscal (uma divertida lagosta gigante) e a colorida obra *Cap de Barcelona* (cabeça de Barcelona), criada pelo artista norte-americano Roy Lichtenstein. Quem segue pelo porto e pelo Passeig Joan de Borbó chega a Barceloneta, região à beira-mar que passou por polêmica revitalização às vésperas da Olimpíada de 1992, uma vez que a obra desalojou muitos moradores antigos. A área ainda é conhecida pelos *chiringuitos*, ou pequenos restaurantes de frutos do mar, bons para uma parada no almoço. *45 min. Metrô: Drassanes ou Barceloneta.*

7 ★★ Praias e Port Olímpic. Há pouco tempo, os moradores nem sequer punham os pés nas então poluídas praias de Barcelona. Tomar banho de mar, então, era inconcebível. As reformas para a Olimpíada de 1992 remodelaram a área e voltaram a ligar a cidade ao Mediterrâneo, após a limpeza e a melhora da qualidade da água. Hoje, a ampla extensão de areia virou local de lazer para nativos e turistas. As praias (*platges*) exibem palmeiras, esculturas, bares e restaurantes, além de ciclovias e locais para caminhar e andar de patins. A principal praia é a Barceloneta, seguida da Nova Icària (trecho mais disputado, próximo da marina de Port Olímpic e da Vila Olímpica), Bogatell e Mar Bella (uma praia naturista não oficial). *2 h. Metrô: Barceloneta ou Ciutadella/Vila Olímpica.*

8 Lojas da Ciutat Vella. Lojas sofisticadas, bares e casas de suvenir esperam os clientes na Carrer Ferran, via exclusiva para pedestres. Já no peculiar Carrer Banys Nous, o destaque são os excelentes antiquários. Há muitas vitrines para apreciar na Vía Laetana rumo a La Ribera e El Born, onde estão as lojas mais chiques da cidade. *2 h. Metrô: Liceu ou Jaume I.*

Esculturas surpreendentes conferem charme às praias de Barcelona.

9 ★ Bar del Pi. Instalado em uma charmosa praça da parte antiga da cidade, o Bar del Pi é ideal para bebericar café ao ar livre (além de ser o estabelecimento mais tradicional da região). Aprecie o movimento das pessoas e, se for final de semana, também as barracas de artesãos montadas na praça. *Plaça Sant Josep Oriol. ☎ 93-302-21-23. $.*

Obra de Xavier Mariscal no Moll de la Fusta.

O melhor em **três dias**

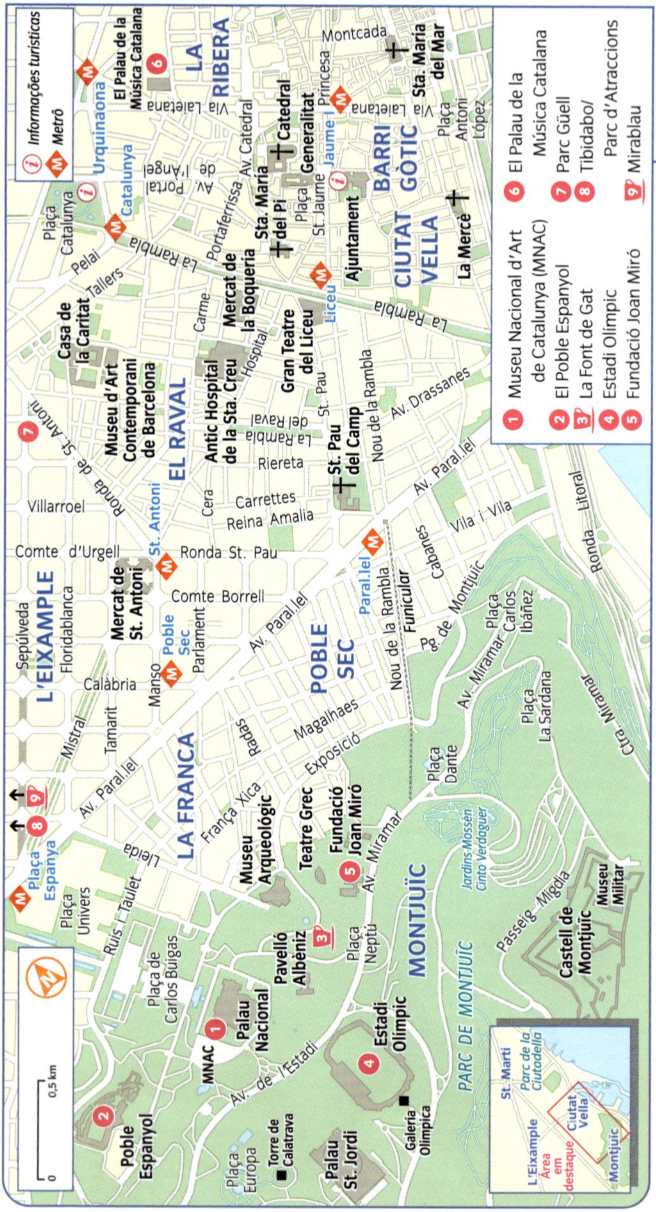

Este roteiro dedica uma manhã para a colina de Montjuïc, seguida de visita ao bairro de Eixample para apreciar os destaques modernistas. Para terminar o dia, uma visão panorâmica da cidade a partir do Tibidabo. INÍCIO: **Metrô até Espanya (quem preferir pegar o teleférico que sai do porto ou o funicular até Montjuïc deve começar o roteiro na Fundació Miró, antes de seguir para o Poble Espanyol e o Museu Nacional d'Art de Catalunya).**

1 ★★★ Museu Nacional d'Art de Catalunya (MNAC). Instalado dentro do Palau Nacional, aos pés da colina de Montjuïc, este museu abriga acervo composto basicamente de arte religiosa. A parte medieval, que inclui peças de arte românica resgatadas de igrejas de toda a Catalunha, é inigualável. Várias peças de altar, ícones e magníficos afrescos são exibidos em absides, como estavam nas igrejas em que foram encontrados. Outros destaques do acervo são as pinturas de respeitados pintores espanhóis, como Velázquez, Ribera e Zurbarán. *1½ h. Palau Nacional, Parc de Montjuïc. ☎ 93-622-03-60. www.mnac.es. Ingressos €8,50 adultos, €4 estudantes e jovens entre 7 e 21 anos; grátis primeira quinta-feira do mês (aceita o ingresso da ArticketBCN). Exposições temporárias: €4,20. Ter-sáb 10h-19h; dom 10h-14h30. Metrô: Espanya.*

2 ★ El Poble Espanyol. Construída especialmente para a Exposição Internacional de 1929, esta ambiciosa réplica de uma aldeia espanhola retrata mais de cem estilos de construção existentes em todo o país, com reproduções de casas, igrejas, ruas e praças, tudo em tamanho reduzido. É possível apreciar uma viela andaluza ou um palácio renascentista, por exemplo. Embora o Poble Espanyol pareça simplista ou até *kitsch* para alguns visitantes, as famílias costumam apreciar essa forma de conhecer a diversidade arquitetônica do país sem sair da cidade. *1 h. Av. Marqués de Comillas s/n (Parc de Montjuïc). ☎ 93-508-63-00. www.poble-espanyol.com. Ingressos €7,50 adultos, €5,50 crianças entre 7 e 12 anos; €15 ingresso para a família; €2 visitas guiadas. Seg 9h-20h; ter-qui 9h-14h; sex-sáb 9h-16h; dom 9h-24h.*

Obra do Museu Nacional D'Art de Catalunya (MNAC).

Metrô: Espanya, depois caminhada de 10 minutos (subida) ou ônibus 13 ou 50 (saem da Plaça de Espanya).

3 **La Font de Gat.** Quem assina o projeto deste bar e restaurante modernista é o famoso arquiteto Puig i Cadalfach. Instalado em meio aos jardins de Montjuïc, o local convida para um café, uma cerveja ou até um almoço (o menu a preço fixo tem opções razoáves). *Passeig Sta. Madrona 28. ☎ 93-289-04-04. $.*

4 **Estadi Olímpic.** A maioria dos eventos da Olimpíada de 1992 foi realizada no estádio olímpico, construído em 1929 para a Exposição Universal, e no Palau d'Esports Sant Jordi, projetado por Arata Isozaki e que sediou provas de ginástica e jogos de vôlei (hoje é palco de shows). Perto, há um pequeno museu, a Galería Olímpica, a piscina aberta e o pavilhão de mergulho, de onde se podem apreciar vistas da cidade. *30 min. Av. del Estadi s/n (Parc de Montjuïc). Metrô: Espanya (pegar a escada rolante no Palau Nacional), ônibus 50 na Plaça d'Espanya ou o funicular de Montjuïc.*

5 ★★ **Fundació Joan Miró.** Miró, pintor e escultor catalão, criou uma linguagem única (que, à primeira vista, pode parecer primária) em seu trajeto rumo ao posto de um dos artistas mais aclamados do século 20. Este museu, banhado com luz natural, exibe centenas de telas, além de desenhos, estudos e esculturas. Do terraço e do jardim de esculturas, o visitante desfruta de lindas paisagens de Barcelona. *1½ h. Parc de Montjuïc s/n. ☎ 93-443-94-70. Ingressos €7,50 adultos, €4 estudantes; grátis para menores de 4 anos. Aceita o ingresso da ArticketBCN. Jul-set ter-qua e sex-sáb 10h-20h; out-jun ter-qua e sex-sáb 10h-19h; o ano todo qui 10h-21h30 e dom 10h-14h30. Ônibus 50 na Plaça d'Espanya ou funicular de Montjuïc.*

6 ★★★ **El Palau de la Música Catalana.** Esta magnífica sala de espetáculos, erguida em 1908 e assinada por Lluís Domènech i Montaner, é, sem dúvida, uma das maiores obras modernistas da cidade. A parte externa, relativamente sóbria, não condiz com as maravilhas internas: cerâmicas e vidros coloridos, cobertos por uma impressionante cúpula com vitrais em tons de azul, amarelo e verde, que lembram gotas de chuva. O passeio guiado explica a arquitetura da construção, mas nada se compara a assistir a um espetáculo aqui. *1 h. Carrer de Sant Francesc de Paula 2. ☎ 902-44-28-82 ou 93-295-72-00 para informações. http://home.palaumusica.org. Passeio guiado €8 adultos, €7 estudantes e idosos. Ingressos uma semana antes do espetáculo na loja de presentes ao lado. Visitas*

Quem vai à Fundació Joan Miró não pode perder o terraço e o jardim de esculturas.

Mosaicos do Palau de la Música Catalana.

guiadas diariam., a cada 30 minutos, 10h-15h30. Metrô: Urquinaona.

7 ★★★ **Parc Güell.** Outra obra importante e conhecida de Antoni Gaudí, o parque situado nas proximidades do bairro de Eixample encanta quem vem pela primeira vez. Similar ao que se costuma chamar hoje de "parque temático", a área exibe uma disputada fonte em forma de lagarto, recoberto por um elaborado mosaico, a casa de João e Maria e os peculiares bancos decorados com cacos de cerâmica, chamados de *trencadis*. Gaudí escavou parte do parque em uma encosta de colina e criou colunas que lembram troncos de árvores. Parte de um condomínio residencial que nunca saiu do papel, o parque hoje abriga a Casa-Museu Gaudí, com pequeno acervo sobre a vida e a obra do artista (que morou aqui enquanto trabalhou no projeto). Em dias claros, é possível identificar no horizonte marcos famosos da cidade, como as espiras da Sagrada Família e as "torres gêmeas" instaladas na praia. *1 h. Ctra. del Carmel 28. ☎ 93-424-38-09. Acesso grátis ao parque; Casa-Museu Gaudí €4. Diariam. 10h-anoitecer. Metrô: Lesseps (depois caminhada de 15 minutos, subida). Ônibus: 24 ou 28.*

8 ★ **Tibidabo/Parc d'Atraccions.** O Monte Tibidabo ergue-se acima da cidade de Barcelona. Desde o início do século 19, atrai visitantes em busca de temperaturas mais amenas ou de belas vistas para a cidade e o mar. O histórico Tramvía Blau (bonde

Casa-Museu Gaudí, no Parc Güell.

Parque de diversões Tibidabo.

azul) leva os visitantes até um mirante com bares e restaurantes. Os destaques no topo do Tibidabo são uma igreja em estilo neogótico e um parque de diversões construído na década de 1950, o Parc d'Atraccions (o "chapéu mexicano" daqui é especial, pois dá a impressão de um voo sobre a cidade). ◷ ***1-2 h. Plaça Tibidabo 3. ☎ 93-211-79-42. Parc d'Atraccions, €22 todas as atrações, €11 para 6 atrações, €9 para crianças até 1,2 metro (menores de 3 anos grátis). Verão diariam. 12h-22h; fora de temporada sáb-dom 12h-19h. Da Plaza Kennedy (Metrô Tibidabo), o bonde liga com o Funicular Tibidabo, que leva até o topo (de meados de set a fim de abr, apenas sáb-dom); ida e volta €3,30.***

9 ★ **Mirablau.** Este bar, instalado no Monte Tibidabo, é bastante sossegado no fim da tarde e no início da noite, momentos ideais para descansar e contemplar Barcelona, que se estende logo abaixo rumo ao mar. ***Plaça Doctor Andreu 2. ☎ 93-418-58-79. $$.*** ●

2 Roteiros temáticos

Barcelona modernista

Página anterior: Casa Batlló, de Antoni Gaudí.

Barcelona é bastante conhecida por seu *modernisme*, ou o estilo Art Nouveau catalão, que teve seu apogeu no final do século 19 e início do século 20. As obras mais representativas são assinadas por Antoni Gaudí, mas há tantos outros arquitetos talentosos com marcos na cidade que talvez seja difícil apreciar os principais destaques em um único dia. INÍCIO: **Metrô até Lessep, depois táxi ou 15 minutos a pé (subida) até o Parc Güell.**

1 ★★★ **Parc Güell.** Em 1900, o industrial catalão Eusebi Güell resolveu construir um condomínio dentro de um parque. Apesar de jamais ter sido concluído, o projeto concretizou a tendência visionária de Gaudí e refletiu o naturalismo que começava a surgir em sua obra. O arquiteto dedicou-se a cada detalhe do parque, mas boa parte do trabalho foi executada por um discípulo, Josep María Jujol, conhecido pelo hábil uso de *trencadis* (cacos de cerâmica) em várias partes do parque. A paisagem, porém, tem todo o estilo de Gaudí: na entrada, destacam-se pequenas "portarias" com chaminés em forma de cogumelos, e, na ponta de uma ampla área coberta (apoiada em 86 colunas dóricas), os visitantes se organizam para fotografar a famosa fonte em forma de lagarto. Poucos resistem aos charmosos bancos de formato sinuoso e recobertos de mosaicos que cercam a praça. *45 min.* *Ver pág. 53, item 5.*

2 ★★★ **Sagrada Família.** A obra mais conhecida de Gaudí é resultado de uma ambição imensa. O artista dedicou quatro anos de sua vida a essa tarefa e, embora não tivesse deixado projetos definidos, tinha a expectativa de que sua catedral (a maior do mundo, se concluída) levasse várias gerações até ficar pronta. Gaudí projetou 12 espiras (uma para cada apóstolo), uma imensa cúpula cobrindo a abside e quatro espiras adicionais, mais altas, além de um campanário que simbolizaria a Virgem Maria. Na bela Fachada da Natividade, portas representam a fé, a esperança, a caridade e alguns símbolos bíblicos. *45 min.* *Ver pág. 5, item 7.*

3 ★★ **Hospital de Santa Creu i Sant Pau.** A apenas algumas quadras da Sagrada Família, este

Bancos recobertos de mosaicos no Parc Güell.

O telhado modernista de Sant Pau.

hospital é a prova de que, como Gaudí, Lluís Domènech i Montaner (1850-1923) também sonhava alto. O Hospital Sant Pau, iniciado em 1902, não foi concluído até a morte de seu criador. Apenas 18 dos 48 pavilhões estavam prontos (12 são considerados parte do patrimônio artístico mundial). Os ambientes exibem cerâmicas coloridas, teto abobadado, esculturas e mosaicos decorativos – técnicas que seriam levadas ao extremo no projeto do Palau de la Música Catalana (pág. 20). *45 min. Sant Antoni María Claret 167-171. 93-488-20-78. www.santpau.es. Grátis; visita guiada como parte da Ruta del Modernisme, €5 adultos, €3 estudantes (grátis para menores de 15 anos). Visitas guiadas diariam. 10h15 e 12h15 em inglês; 13h15 em espanhol. Metrô: Hospital de San Pau ou Sagrada Família (mais caminhada de 10 minutos pela Av. de Gaudí).*

4 ★★★ La Pedrera (Casa Milà). A principal contribuição de Gaudí à arquitetura urbana de Barcelona tem o nome do seu idealizador, que encomendou uma "obra de arte" para o elegante Passeig de Gràcia. O resultado é um edifício de apartamentos de fachada sinuosa e marcante, considerado por muitos o principal representante do *modernisme.* As vistosas chaminés, que alguns acreditam representar as batalhas entre mouros e cristãos, são espetaculares, mas quem se interessa por arquitetura se encanta mesmo ao visitar o museu (Espai Gaudí), oportunidade de apreciar os magníficos arcos e de se aproximar da vida, da época e das técnicas do criativo artista. No apartamento original (El Pis), a atenção vai para as formas peculiares, as maçanetas feitas à mão e para os móveis de época, todos criados por Gaudí. *1 h. Ver pág. 4, item 2.*

5 ★★★ Passeig de Gràcia. Esta elegante rua comercial é o marco zero do *modernisme.* Aqui é possível contemplar uma boa amostra da arquitetura modernista, pois um único quarteirão concentra importantes obras de Gaudí e de outros destacados arquitetos, como Doménech i Montaner e Puig i Cadalfalch. A proximidade das construções rendeu ao local o apelido de *illa de la discòrdia* (ilha da discórdia). Veja roteiro detalhado a seguir.

O apartamento chamado de El Pis exibe decoração do início do século 20.

Nas proximidades de La Pedrera estão algumas pérolas modernistas: 5A o **pavimento** na calçada (com temas marinhos) foram projetados por Gaudí, enquanto os bancos cobertos de **mosaicos** dos quais saem **postes de luz** feitos de ferro são criação de Pere Falqués. No mesmo quarteirão está a loja 5B **Vinçon** (pág. 78), instalada em uma elegante casa projetada pelo pintor modernista Ramón Casas. Três quadras abaixo fica a ***illa de la discòrdia***. Comece pela 5C ★ **Fundació Tàpies** (pág. 37, item 2), situada numa travessa (Aragó 225): o museu dedicado ao artista catalão Antoni Tàpies ocupa uma casa projetada por Domènech i Montaner para sediar uma antiga editora. A magnífica 5D ★★★ **Casa Batlló** (pág. 10, item 4), projetada por Antoni Gaudí e aberta a visitação desde 2004, é tão linda por dentro quanto por fora. Os destaques na parte interna são a escadaria, a lareira em forma de cogumelo e uma galeria com colunas que parecem ossos. A 5E ★★ **Casa Amatller** (pág. 10, item 5), obra mais famosa de Puig i Cadafalch, foi a primeira construção modernista do quarteirão. O exterior de pedra entalhada é obra do artista Eusebi Arnau. Domènech i Montaner assina o projeto da 5F ★ **Casa Lleó Morera** (pág. 10, item 6), talvez menos impressionante que suas vizinhas, mas prejudicada nas comparações desde que a instalação de uma loja destruiu parte do térreo e várias esculturas.

O espetacular Palau de la Música Catalana.

6 ★★★ **El Palau de la Música Catalana.** Domènech i Montaner projetou esta ousada sala de espetáculos para sediar a sociedade coral Orfeó Catalán. A parte interna impressiona: o teto é dominado pela presença de uma imensa cúpula de vitral, cercada por bustos de compositores como Bach, Beethoven e Wagner, obras criadas pelos escultor Pau Gargallo. Encravado no meio de prédios de apartamentos, o Palau ganhou um pouco mais de espaço depois que o arquiteto barcelonês Oscar Tusquets concluiu a bem-sucedida ampliação, em 2003. *45 min.* *Ver pág. 20, item 6.*

7 ★★ **Els Quatre Gats.** Fequentado por Picasso, Ramón Casas e outros intelectuais e boêmios da virada do século 20, o restaurante e café (um dos primeiros trabalhos do arquiteto Puig i Cadalfalch e palco da primeira exposição de Picasso) é o ponto perfeito para fazer uma parada no trajeto modernista, seja para um almoço tardio ou um café com bolo. *Carrer Montsió 3. ☎ 93-302-41-40. $-$$.*

8 ★★ **Palau Guëll.** Esta mansão de 1888, erguida no bem menos nobre bairro de El Raval, foi o primeiro trabalho encomendado

Ruta del Modernisme

É possível dedicar vários dias à apreciação dos marcos modernistas de Barcelona. Quem quiser mais detalhes deve procurar a **Ruta del Modernisme de Barcelona**, um programa promovido pelo município (www.rutadelmodernisme.com; ☎ 902-076-621; €12-€ 18). Roteiro que inclui 115 atrações, oferece descontos de até 50% no ingresso de construções consagradas e outras nem tanto, que variam de palácios a farmácias. Para obter maiores dados sobre o programa, basta dirigir-se ao centro de informação turística instalado no Plaça de Catalunya. Além dos destaques relacionados neste capítulo, outras atrações importantes são apresentadas no roteiro a pé pelo bairro de Eixample, na pág. 68.

Picasso foi um dos clientes do El Quatre Gats.

a Gaudí por Eusebi Güell, magnata do setor têxtil que se tornaria um cliente vitalício do artista. O local exibe menos leveza e extravagância do que as criações posteriores (de fora, parece uma fortaleza), mas o incrível talento do arquiteto já se manifestava na forma de projetar os andares e na inspiração mourisca da decoração. O teto da mansão reserva uma surpresa: chaminés coloridas e recobertas de *trencadís*, elementos que depois seriam a marca de La Pedrera. *1 h. Carrer Nou de la Rambla 3-5. ☎ 93-317-39-74. Ingressos €3, grátis para menores de 7 anos. Seg-sáb 10h-18h15. Metrô: Drassanes.*

9 ★★ **Casa Calvet.** Não existe lugar melhor para concluir um dia dedicado à face modernista de Barcelona do que este restaurante caro, instalado num dos primeiros edifícios residenciais de Gaudí. A construção, de 1899, conta com um dos primeiros elevadores da cidade e com elegantes detalhes modernistas por toda parte. *Caspe 48. ☎ 93-412-40-12. $$$.*

Ciutat Vella: Barcelona antiga

Barcelona é uma das cidades mais ricas em história da Espanha. Fundada em 15 d.C. pelos romanos, que a chamavam de Barcino, expandiu os limites das muralhas no século 11. Parte da Barcelona medieval ainda sobrevive em locais como o Barri Gòtic e La Ribera. O roteiro a pé pelo Barri Gòtic (pág. 60) permite apreciar mais atentamente o que restou das eras romana e medieval, como El Call, o antigo bairro judaico. INÍCIO: **Metrô até Jaume I.**

❶ ★★ **Santa María del Mar.** Projetada pelo arquiteto Berenguer de Montagut em meados do século 14 e concluída em apenas cinco décadas, Santa María del Mar, uma imponente igreja em estilo gótico catalão, no passado situava-se à beira-mar. O nome faz referência aos antigos frequentadores – donos de navios, comerciantes e marinheiros (e suas mulheres), que vinham aqui pedir a bênção da santa para as travessias marítimas. *30 min. Plaça de Santa María.* ☎ *93-215-74-11.Grátis. Seg-sáb 9h-13h30 e 16h30-20h, dom 9h-14h e 17h-20h30. Metrô: Jaume I.*

❷ **Carrer de Montcada.** A entrada dos fundos da Igreja de Santa María del Mar dá para esta rua estreita e de acesso restrito a pedestres, uma das vias medievais mais belas de Barcelona. Desde sua abertura, em 1148, a rua foi o centro da vida comercial. Entre os séculos 14 e 16, os *palaus* (mansões) da Carrer Montcada abrigaram as famílias ricas e nobres, muitas delas patrocinadoras da construção de Santa María del Mar. Embora várias dessas construções sejam propriedade particular, muitas abrigam museus e galerias: visite-os para poder se encantar com os lindos pátios e as imponentes escadarias de pedra. *45 min. Metrô: Jaume I. Ver roteiro na página seguinte.*

A catedral de Santa María del Mar é um dos principais exemplos da arquitetura gótica catalã.

Carrer de Montcada

A minúscula 2A **Carrer de les Mosques** ("rua das moscas") é a via mais estreita de Barcelona: a partir de suas janelas, os moradores conseguem tocar na construção do outro lado da rua. O 2B **Palau dels Cervelló (nº 25),** erguido no século 15, abriga uma galeria de arte contemporânea, mas preservou a fachada gótica original, enquanto o 2C **Palau Dalmases (nº 20),** do século 17, exibe uma capela gótica, lindas escadarias renascentistas e arcos elegantes. O 2D **Palau Nadal (nº 12-14),** sede do **Museu Barbier-Mueller d'Art Precolombí** (com excelente acervo particular de arte pré-colombiana) foi erguido nos séculos 15 e 16. Ao lado está o 2E **Palau dels Marquesos de Llió (nº 12),** construído do século 13 ao 15 e sede do **Museu Tèxtil i d'Indumentària**, bom para quem aprecia roupas, tecidos e antigas técnicas têxteis. O 2F **Palau Aguilar (nº 15-23),** do século 15, desde 1963 é a sede do prestigiado **Museu Picasso**. Mesmo que o local não fosse sede de um magnífico acervo, ainda assim mereceria uma visita. Aqui se tem a oportunidade de ver extraordinários pátios góticos e escadarias que acompanham as janelas ricamente entalhadas. *Ver pág. 13, item* 11.

3 **Tèxtilcafé.** Este refúgio em meio a um pátio medieval, no palácio onde funciona o **Museu Tèxtil i d'Indumentària**, é opção para saborear um café com *croissant* numa das mesas ao ar livre, ou para um almoço a preço fixo, na parte interna. *Carrer de Montcada 12-14. ☎ 93-268-25-98. $.*

4 ★★★ **Catedral de Barcelona.** Primeiro um templo romano e depois uma mesquita, a catedral ocupa o centro do Barri Gòtic. O lindo claustro, construído entre 1350 e 1448, ainda serve de morada para gansos brancos, que na Idade Média faziam as vezes de cães de guarda e alertavam para a chegada de intrusos. Embaixo das lajes repousam os integrantes das antigas associações do Barri Gòtic. *30 min. Ver pág. 12, item 10.*

5 ★★★ **Conjunt Monumental de la Plaça del Rei.** A Plaça del Rei fica ao lado dos fragmentos que restaram de antigas muralhas romanas. Na década de 1930, os arqueólogos encontraram vestígios de Barcino, a antiga cidade romana (pode-se visitar as ruínas subterrâneas.) Com cinco andares, a torre Mirador del Rei Martí, que se eleva acima da praça, data de 1555. Ela foi construída para permitir a vigia de invasões de estrangeiros ou revoltas camponesas. *45 min. Ver pág. 15, item 1.*

Gansos no claustro da Catedral de Barcelona.

6 ★ **Muralhas romanas.** Barcino era um pequeno povoado, que ocupava apenas 10 hectares e se cercava de muralhas de 2 m de espessura. Ainda restam várias partes das muralhas romanas, ampliadas nos séculos 3º e 4º a.C. (um dos melhores lugares para vê-las é a Plaça Ramon Berenguer, paralela à Via Laietana). À direita da entrada principal da catedral, as torres do Portal de l'Angel marcam o início da Carrer del Bisbe. *15 min. Metrô: Jaume I.*

Carrer de Montcada

Museu Barbier-Mueller d'Art Precolombí. Carrer de Montcada 12-14. ☎ **93-310-45-16.** Ingressos €3 adultos, €1,50 estudantes, grátis para menores de 16 anos. Ter-sáb 10h-18h; dom 10h-15h. Grátis no primeiro domingo do mês. Metrô: Jaume I.

Museu d' Textil i d'Indumentària. Carrer de Montcada 12. ☎ **93-319-76-03.** Ingressos €3,50 adultos, grátis para menores de 16 anos. Ter-sáb 10h-18h; dom 10h-15h. Metrô: Jaume I.

Vista das muralhas romanas no início da noite.

7 ★ Temple d'Augustus. Três impressionantes colunas coríntias, relíquias mais bem preservadas da cidade romana, são tudo o que restou do Temple d'Augustus, principal templo erguido no século 1º a.C. Situadas mais abaixo em relação ao atual nível das ruas, elas constituem um dos tesouros ocultos do Barri Gòtic. No passado, o templo fazia parte do fórum romano, dedicado ao imperador César Augusto. *Carrer del Paradis 10 (dentro do Centre Excursionista de Catalunya). ☎ 93-315-23-11. Grátis. Jun-set ter-sáb 10h-20h, dom 10h-14h, resto do ano, ter-sáb 10h-14h e 16h-20h, dom 10h-14h. Metrô: Jaume I.*

As colunas do Temple d'Augustus remontam ao século 1º a.C.

8 ★★ Museu Frederic Marès. Frederic Marès, escultor e fanático colecionador que viveu no século 20, reuniu um dos acervos particulares de esculturas medievais mais importantes da Espanha. A coleção inclui obras das eras pré-romana, gótica, barroca e renascentista. O acervo está exposto em um palácio que, por si só, merece uma visita; ele está situado logo atrás da catedral. *45 min. Plaça de Sant Iú 5-6. ☎ 93-310-58-00. www.museumares.bcn.es. Ingressos €3 adultos, grátis para menores de 12 anos. Ter-sáb 10h-19h, dom 10h-15h. Grátis qua 15h-19h. Metrô: Jaume I.*

9 ★ Plaça de Sant Jaume. Nesta praça, onde fica a sede do poder municipal e regional, os barceloneses constumam se encontrar durante as festividades oficiais e também para as manifestações políticas. O **Palau de la Generalitat**, onde funciona o governo autônomo da Catalunha, foi construído no século 15.

Do outro lado da praça situa-se a **Casa de la Ciutat,** construção do século 14 erguida ao redor de um pátio central e atual sede da prefeitura de Barcelona. No **Saló de Cent** (Salão dos Cem Jurados), destaque para os imensos arcos, elementos típicos do estilo gótico catalão. *30 min. Casa de la Ciutat: Plaça de Sant Jaume s/n. 93-402-70-00. Grátis. Dom 11h-15h30. Metrô: Jaume I.*

10 ★ **Caelum.** À primeira vista, trata-se de uma simples loja que vende chás, geleias, azeite de oliva, doces e demais produtos feitos pelas freiras e outras ordens religiosas da Espanha e da Europa. Mas no piso inferior fica o café (que serve chá, café, doces e sanduíches), instalado em um local chamado de "cripta", com outra pérola do passado: vestígios de antigas termas judaicas, as *mikves*, originais do século 14. *Carrer de la Palla, 8. 93-302-69-93. $.*

11 ★★ **Sant Pau del Camp.** Esta é a igreja mais antiga de Barcelona: sua construção começou no século 9º. No passado, o templo ficava na região rural (daí o nome, que significa "São Paulo do Campo") e fazia parte de um mosteiro, bem longe das muralhas da cidade. A igreja chegou aos dias de hoje quase intacta, com marcantes capitéis em estilo românico. Pelas fundações do portal, o visitante pode atestar as reformas feitas nos séculos 11 e 12. *30 min. Carrer de Sant Pau, 99 (El Raval). 93-441-00-01. Ingresso para visitar o claustro €2. Seg-sex 12h-14h, 17h-20h. Metrô: Paral.lel.*

O nascimento de uma nação

Apesar da invasão da Espanha pelos mouros em 711, que deu início a uma dominação de quase oito séculos, a Catalunha pouco sentiu a influência norte-africana. Os invasores recuaram após sofrer uma derrota perto dos Pireneus, em 732, e nunca conseguiram se estabelecer na região. Um nobre do século 9º, Guifré el Pilós (Wilfredo, o Peludo), importante senhor feudal, é considerado o fundador da Catalunha, pois unificou a região e lutou por sua autonomia. Guifré fundou uma dinastia que reinou por cerca de cinco séculos. Boa parte da Espanha permaneceu sob o domínio dos mouros, mas Barcelona e a Catalunha, cujas características geopolíticas as ligavam ao norte da Europa, conseguiram estabelecer as bases para a busca tenaz pela independência. O herói catalão foi imortalizado na bandeira da Catalunha, que exibe listras vermelhas sobre fundo amarelo e, segundo dizem, é o mais antigo estandarte da Europa. De acordo com a lenda, as listras vermelhas simbolizam o sangue de Guifré escorrendo sobre seu escudo dourado, no momento de sua morte, durante uma batalha. Apesar do ceticismo dos estudiosos, os catalães perpetuam essa história.

Barcelona artística

1. Fundació Joan Miró
2. Fundació Antoni Tàpies
3. Carrer Consell de Cent
4. Bar Lobo
5. Museu d'Art Contemporani de Barcelona (MACBA)
6. Museu Picasso
7. El Xampanyet
8. Galerias da Ciutat Vella

Não é de hoje que Barcelona acolhe artistas e amantes da arte vindos de toda parte. O andaluz Pablo Picasso começou sua carreira aqui, e os catalães Joan Miró, Salvador Dalí e Antoni Tàpies deixaram suas marcas inconfundíveis na cidade antes de se transformar em artistas de renome internacional. A concentração de museus e galerias da cidade atrai sobretudo quem se interessa por arte contemporânea e moderna, mas este roteiro busca contemplar outros gostos. É só ter disposição para percorrer diversos museus.

INÍCIO: **Metrô até Espanya (ou funicular para Montjuïc).**

1 ★★★ Fundació Joan Miró. Nascido no interior da Catalunha em 1893, Miró foi um artista de destaque. Suas obras extravagantes e enigmáticas abordavam questões complexas, como a sexualidade, a identidade catalã e a oposição à Guerra Civil Espanhola. O próprio artista doou 11 mil obras para este museu, construído em Montjuïc em 1975. Algumas peças importantes são uma tapeçaria da década de 1970, *Tapis de la Fundació,* projetada para a galeria na qual se encontra, e *L'Estel Matinal,* que integra a série chamada de *Constelação*, além de esculturas dos anos 1940 e 1950, como *Sun Bird* e *Moon Bird*. A visita com audioguia é bastante informativa. *1 h.* *Ver pág. 20, item 5.*

2 ★ Fundació Antoni Tàpies. Um importante artista espanhol do século 20 é o expressionista Antoni Tàpies, que nasceu em Barcelona em 1923. Tàpies ficou conhecido por suas obras feitas com colagens ou mistura de materiais, como terra, areia e até meias. Boa parte de seu trabalho tem uma forte carga política ou de referência religiosa, às vezes acompanhada de insígnias ou palavras ao estilo de grafites. Observe as obras *Porta Metálica e Violino* (1956) e *Palha e Madeira* (1969). No alto do edifício que sedia o museu, impossível não notar a obra *Nuvem e Cadeira,* que recebeu violentas críticas no passado. *45 min. Aragó 255.* ☎ *93-487-03-15.*

A escultura Nuvem e Cadeira *fica no alto da Fundació Antoni Tàpies.*

www.fundaciotapies.org. Ingressos €6 adultos, €4 estudantes. Ter-dom 10h-20h. Fechado seg, dez 25-26 e jan 1-6.

3 Carrer Consell de Cent. Esta arborizada rua do bairro de Eixample, situada entre o Passeig de Gràcia e a Carrer Muntaner, é disputada pelos frequentadores de galerias de arte em busca de talentos espanhóis e internacionais. Algumas que merecem atenção são: **Sala Dalmau** (nº 349; ☎ 93-215-45-92); **Jordi Barnadas**

Galería Carles Tache.

(nº 347; ☎ 93-215-63-65); **Senda** (nº 337; ☎ 93-487-67-59); **Galería René Metras** (nº 331; ☎ 93-487-58-74); **Galería Llucià Homs** (nº 315; ☎ 93-467-71-62); **Galería Carles Tache** (nº 290; ☎ 93-487-88-36); **Ambit** (nº 282; ☎ 93-488-18-00); e **Galería Eude** (nº 278; ☎ 93-487-93-86). *1 h. Metrô: Passeig de Gràcia.*

4 **Bar Lobo.** Este simpático bar de *tapas* é decorado com murais de grafite, pôsteres e anúncios encontrados nos muros da cidade. Ideal para um lanche rápido ou um drinque noturno. ***Pintor Fortuny 3. ☎ 93-481-53-46. $-$$.***

5 ★ **Museu d'Art Contemporani de Barcelona (MACBA).** Apesar de ainda ser lembrado sobretudo graças a sua sede toda branca, assinada por Richard Meier e em claro contraste com as cores do Raval, este museu de arte contemporânea nunca para de ampliar seu acervo. Em exposição, obras de Calder, Basquiat e Klee, além de artistas catalães de destaque como Tàpies, Miquel Barceló e o surrealista Joan Brossa. ***45 min. Plaça dels Angels 1. ☎ 93-412-08-10. Ingressos €8,50 adultos, €6 estudantes, grátis para menores de 14 anos (só às quartas, ingressos €3). Seg e qua-sex 11h-19h30; sáb 10h-20h; dom 10h-15h. Metrô: Catalunya ou Universitat.***

6 ★★★ **Museu Picasso.** Ótimo para compreender o trajeto inicial do artista, como os períodos Azul e Rosa. Em 1970, Picasso (1881-1973) doou 2.500 pinturas e esculturas a este museu, dono do maior acervo do pintor na Espanha. O destaque é a animada série de 59 pinturas baseadas na importante tela de Velázquez *As Meninas*. Também vale a pena apreciar a obra *O Arlequim* e os desenhos que Picasso fez de cenas das ruas de Barcelona. Os visitantes mais familiarizados com as ousadas obras posteriores do artista podem se surpreender com seu talento para a representação mais figurativa. ***1 h.*** ***Ver pág. 13, item 11.***

7 **El Xampanyet.** Com clima de deliciosa volta ao passado, este tradicional bar de *cava* serve a bebida (no caso, um vinho branco espumante) em taças com design da década de 1950. Confira a excelente oferta de queijos catalães e de embutidos. ***Carrer de Montcada 22. ☎ 93-319-70-03. $.***

A luz do sol proporciona iluminação natural e abundante ao MACBA.

8 Galerias da Ciutat Vella. Embora a maior concentração de galerias de arte moderna e contemporânea fique no bairro de Eixample, as instaladas na parte antiga da cidade constituem um peculiar contraste na paisagem. No Barri Gòtic, as ruas Petritxol e Palla reúnem galerias, lojas e antiquários. Algumas delas: **Galería Maeght** (Carrer de Montcada 25; ☎ 93-3142-45); **Artur Ramón Espai Contemporani** (Carrer de la Palla 10; ☎ 93-301-16-48); **Trama** (Petritxol 8; ☎ 93-317-48-77); e a mais antiga da cidade, **Sala Parés** (Petritxol 5; ☎ 93-318-70-08). *1 h. Metrô: Jaume I.*

Museu Picasso.

Esculturas a céu aberto

Em Barcelona, nem toda arte fica dentro de museus. A paisagem urbana está repleta de esculturas, muitas em locais de grande circulação. Quem chega de avião vê o imenso **mural de mosaicos** (1970) de Joan Miró, destaque da parte externa do Terminal B do aeroporto de Barcelona. Observe também a obra ***Topos V***, do escultor basco Eduardo Chillida, instalada na Plaça del Rei. Ou a ***Cap de Barcelona*** (1992), de Roy Lichtenstein, na esquina do Moll de la Fusta e Vía Laietana. Já a ***Homenagem a Picasso*** (1983), de Antoni Tàpies, fica no Passeig Picasso, na entrada do Parc de la Ciutadella, enquanto a obra de Miró ***Mulher e Pássaro*** (1982) pode ser vista no Parc Joan Miró. Outros destaques são o ***Pla de l'Ós***, um mosaico de Miró em plena Rambla (em frente ao Liceu); a **Lagosta Gigante**, de Xavier Mariscal, no Moll de la Fusta, e o imenso ***Peixe***, de Frank Gehry, exibido na Vila Olímpica.

Homenagem a Picasso, *de Antoni Tàpies.*

Design e arquitetura

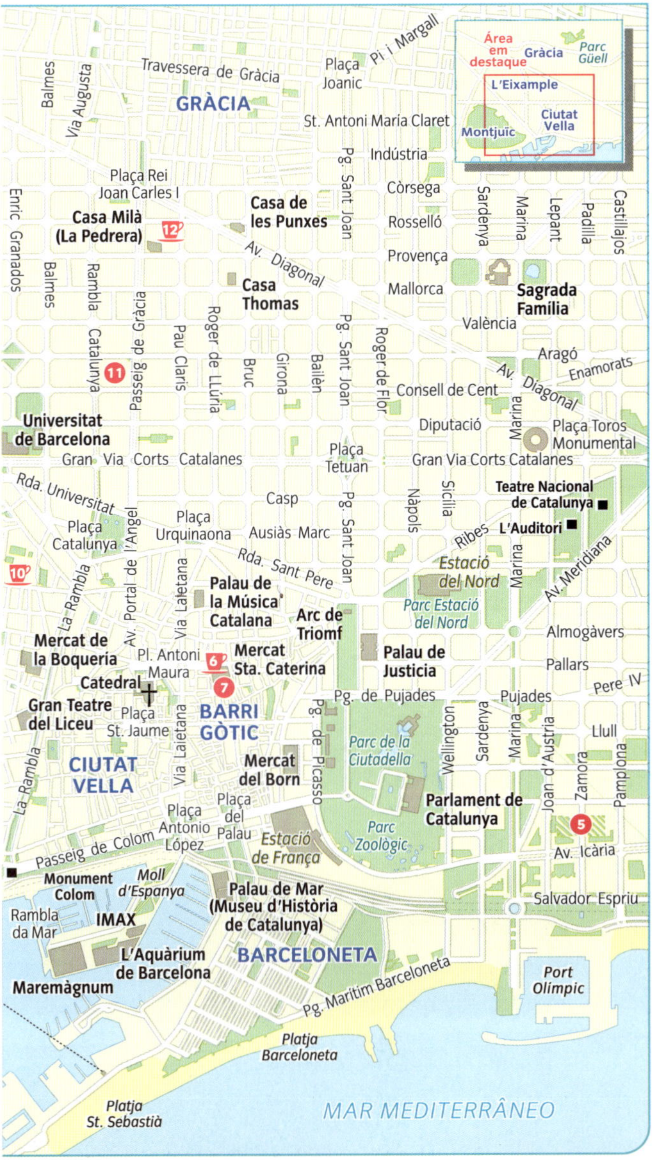
Área em destaque
Gràcia
Parc Güell
L'Eixample
Ciutat Vella
Montjuïc
Travessera de Gràcia
Plaça Joanic
Pi i Margall
Balmes
Via Augusta
GRÀCIA
St. Antoni Maria Claret
Indústria
Pg. Sant Joan
Còrsega
Rosselló
Provença
Mallorca
València
Aragó
Enamorats
Consell de Cent
Diputació
Gran Via Corts Catalanes
Plaça Rei Joan Carles I
Casa Milà (La Pedrera)
12
Casa de les Punxes
Av. Diagonal
Casa Thomas
Sardenya
Marina
Lepant
Padilla
Castillejos
Sagrada Família
Enric Granados
Balmes
Rambla Catalunya
Passeig de Gràcia
Pau Claris
Roger de Llúria
Bruc
Girona
Bailèn
Roger de Flor
11
Av. Diagonal
Plaça Toros Monumental
Universitat de Barcelona
Gran Via Corts Catalanes
Plaça Tetuan
Rda. Universitat
Plaça Catalunya
Plaça Urquinaona
Casp
Ausiàs Marc
Nàpols
Sicília
Teatre Nacional de Catalunya
L'Auditori
Ribes
Estació del Nord
Parc Estació del Nord
Av. Meridiana
10
La Rambla
Av. Portal de l'Àngel
Via Laietana
Rda. Sant Pere
Palau de la Música Catalana
Arc de Triomf
Palau de Justicia
Almogàvers
Pallars
Pere IV
Mercat de la Boqueria
Pl. Antoni Maura
6
Mercat Sta. Caterina
7
Catedral
Pg. de Pujades
Pujades
Gran Teatre del Liceu
Plaça St. Jaume
BARRI GÒTIC
Pg. de Picasso
Parc de la Ciutadella
Wellington
Sardenya
Marina
Joan d'Austria
Zamora
Pamplona
Llull
CIUTAT VELLA
La Rambla
Mercat del Born
Parlament de Catalunya
Plaça Antonio López
Plaça del Palau
Passeig de Colom
Estació de França
Parc Zoològic
5
Av. Icària
Monument Colom
Moll d'Espanya
Palau de Mar (Museu d'História de Catalunya)
Salvador Espriu
Rambla da Mar
IMAX
L'Aquàrium de Barcelona
BARCELONETA
Maremàgnum
Pg. Marítim Barceloneta
Port Olímpic
Platja Barceloneta
Platja St. Sebastià
MAR MEDITERRÂNEO

Embora muitos visitantes cheguem a Barcelona atraídos pelas obras modernistas e pelo charme antigo do Barri Gòtic, a vanguardista capital da Catalunha não decepciona os apreciadores do design e da arquitetura contemporânea. A Olimpíada de 1992 propiciou a realização de projetos urbanos ousados, e qualquer pessoa que se interesse pelas novidades do mundo do design se encanta com as atrações da cidade. Como declarou o diretor da Graduate School of Design de Harvard, "Barcelona parece ter escolhido a arquitetura e o urbanismo como sua vocação eterna e de excelência". INÍCIO: **Metrô até Espanya.**

1 ★ **CaixaForum.** Em 2002, o arquiteto japonês Arata Isozaki e sua equipe transformaram uma fábrica de tecidos, construída com tijolo à vista em estilo modernista (projeto de Puig i Cadalfalch), em um excelente espaço de exposições. Bem-sucedida combinação da herança modernista com o olhar futurista, conta com um terraço no teto que propicia lindas vistas do Palau Nacional, da sede do Museu Nacional d'Art de Catalunya, e para Montjuïc (pág. 19, item 1). *30 min. Av. Marquès de Comillas 6-8. ☎ 93-476-86-00. Grátis. Ter-dom 10h-20h. Metrô: Espanya.*

2 ★★ **Pavelló Mies van der Rohe.** O famoso arquiteto minimalista alemão criou esta estrutura de aço, vidro e mármore para sediar o Pavilhão da Alemanha na Exposição Internacional de 1929. Considerado um clássico do design do século 20, ganhou fama graças às linhas puras e precisas. Na parte interna, pode-se apreciar uma réplica da famosa cadeira Barcelona, ícone do design moderno reproduzido à exaustão. O pavilhão, que foi desmontado logo após o término da exposição, voltou ao local original em 1985, a pedidos dos arquitetos da cidade. *30 min. Av. Marquès de Comillas s/n. ☎ 93-423-40-16. Ingressos €3,50 adultos, grátis para menores de 8 anos. Diariam. 10h-20h. Metrô: Espanya.*

3 **Palau d'Esports Sant Jordi.** Projetado por Arata Isozaki, este ginásio de esportes sediou a ginástica, o vôlei e o basquete durante a Olimpíada de 1992. Quando foi concluído, cerca de 50 mil

O Pavelló Mies van der Rohe é considerado um clássico do design do século 20.

Peixe, *escultura de Frank Gehry, na Vila Olímpica.*

barceloneses vieram conhecer a nova atração da área olímpica de Montjuïc, que hoje sedia eventos esportivos e *shows*. No alto destaca-se a bastante criticada **torre da Telefónica**, também construída para a Olimpíada de 1992 pelo famoso arquiteto de Valência Santiago Calatrava. A base da torre exibe mosaicos de cerâmica, em homenagem a Gaudí. ***30 min. Av. del Estadi s/n (Parc de Montjuïc). Metrô: Espanya (depois pegar a escada rolante até o Palau Nacional); ou o ônibus 50.***

4 Transbordador Aeri. Uma excelente forma de apreciar a distribuição de Barcelona, sobretudo as ruas de Eixample, traçadas por Ildefons Cerdà em 1859, é passear no teleférico que liga Montjuïc à região do porto e à praia de Barceloneta. Há partidas a cada 15 minutos todos os dias, entre 10h30 e 19h. O bilhete custa €6 (um trecho) e €7,20 (ida e volta).

5 ★ Vila Olímpica. É o resultado do premiado projeto de urbanismo que reformou a região beira-mar e pôs ali áreas residenciais, jardins e esculturas, sob o comando de jovens arquitetos, designers e artistas. Os apartamentos serviram inicialmente para abrigar os atletas da Olimpíada, mas, em seguida, foram colocados à venda, o que fez da Vila Olímpica um bairro da moda. As torres gêmeas instaladas à beira-mar, entre os poucos arranha-céus da paisagem de Barcelona (uma abriga o Hotel Arts, outra é um prédio de escritórios), causaram polêmica no início, mas hoje são bem aceitas. Em frente ao Hotel Arts destaca-se a escultura *Fish*, de Frank Gehry, feita de material metálico e especialmente brilhante quando cai a tarde. ***45 min. Metrô: Ciutadella/Vila Olímpica.***

6 ★★ Cuines Santa Caterina. Este simpático bar de *tapas* e restaurante aproveita a privilegiada localização (dentro do mercado) e oferece frutos do mar e verduras fresquíssimas, além de vinhos a preços acessíveis, em taça ou garrafa. Bom lugar para saborear aperitivos. ***Av. Francesc Cambó s/n. 93-268-99-18. $-$$.***

A escultura Davi e Golias, *de Antoni Llena, na frente do Hotel Arts.*

O destaque do Mercat de Santa Caterina é o telhado ondulado.

7 ★★ **Mercat de Santa Caterina.** Construído em 1848 e reformado em 2005, este edifício foi o primeiro mercado coberto de Barcelona. Destaca-se pelo telhado colorido e ondulado, projeto assinado pela famosa dupla Enric Miralles e Benedetta Tagliabue. *30 min. Av. Francesc Cambó s/n.*

8 ★ **Museu d'Art Contemporani de Barcelona (MACBA).** Da mesma forma como a criação do Museu Guggenheim de Bilbao, assinada por Frank Gehry, estimulou o desenvolvimento artístico e urbanístico da cidade basca, o MACBA, de Richard Meier, deu novo fôlego para o bairro de Raval. Apesar de desalojar antigos moradores, a chegada de galerias de arte, lojas e restaurantes trouxe mais segurança e atratividade para essa região de Barcelona. *45 min.* *Ver pág. 38, item 5.*

9 ★ **Casa de la Caritat.** Um dos primeiros projetos da reformulação do bairro de Raval, até então considerado perigoso, foi a transformação desta casa de caridade erguida no século 13 em espaço cultural e artístico. Dois arquitetos catalães de vanguarda, Albert Viaplana e Helio Piñón, projetaram as paredes de vidro do Centre de Cultura Contemporània de Barcelona (CCCB), que refletem os telhados da região e o mar Mediterrâneo. *45 min. Carrer de Montalegre 5-9. 93-306-41-00. Ter-dom, 11h-20h. Ingressos €6, idosos e estudantes €3,30; grátis para menores de 16 anos e na primeira quarta-feira do mês. Metrô: Plaça de Catalunya ou Universitat.*

10 ★ **Camper Foodball.** Após visitar o MACBA, pare neste local que simboliza a direção moderna na qual segue o bairro de Raval. A Camper, fabricante de sapatos divertidos, inaugurou um pequeno hotel e esta badalada casa de *tapas*. A base são bolinhos de arroz, que recebem combinações criativas (e vegetarianas) com resultados supreendentes e apetitosos. *Carrer Elisabets 9. 93-270-13-63. $.*

11 ★ **Lojas de L'Eixample.** Um dia dedicado ao design não ficaria completo sem uma olhada nos consagrados marcos atuais de Barcelona. A Vinçon (Passeig de Gràcia, 96) é uma instituição da cidade no que se refere a luminárias

Astros da arquitetura

Para quem realmente quer aproveitar a visita a Barcelona para mergulhar no mundo das modernidades visuais, algumas contribuições urbanísticas recentes assinadas por estrelas da arquitetura podem ser apreciadas num passeio pelo norte da Vila Olímpica, perto da Plaça de les Glòries. Rafael Moneo, vencedor do Pritzke, assina a sala de espetáculos **L'Auditori** (Lepant 150), enquanto o **Teatre Nacional de Catalunya** (Pl. de les Arts 1) é de autoria do barcelonês Ricardo Bofill. A obra mais polêmica é a fálica **Torre Agbar** (Avda. Diagonal 209-211), de Jean Nouvel. Com 142 m, à noite é iluminada com as cores do time de futebol local, o Barça. Alguns quarteirões a oeste (na Ronda St. Martí, altura da Felip II) ergue-se a **Pont Bac de Roda**, uma ponte com arcos concebida por Santiago Calatrava, considerado hoje o arquiteto mais famoso da Espanha e autor de projetos espalhados por todo o mundo.

e móveis, com itens de selecionada ousadia visual. Também vale a pena visitar as lojas dos designers de moda catalães **Josep Font** (Provença, 304), **Antonio Miró** (Consell de Cent, 349) e **Armand Basi** (Passeig de Gràcia, 49), entre outros criadores badalados.
45 min. Metrô: Passeig de Gràcia ou Provença. Ver capítulo 4, "O Melhor das Compras", pág. 71.

12 ★ **Moovida.** No terceiro andar do Hotel Omm, local disputado por gente ligada à moda, está o mais informal (e menos caro) "primo" do Moo, celebrado restaurante dos irmãos Roca. Não é barato, mas quem quiser pode se limitar a provar *tapas* e tomar um drinque. *Roselló, 265-269. ☎ 93-445-40-00. $$.*

Museu d'Art Contemporani de Barcelona (MACBA), projetado por Richard Meier.

Barcelona gastronômica

Com a consolidação da fama de destino gastronômico ocorrida na última década, Barcelona hoje disputa com San Sebastián o título de capital europeia da boa mesa. Ao lado de restaurantes sofisticados e bares de *tapas* comandados por *chefs* renomados, o visitante pode escolher entre lojas de alimentos (*colmados)* ao velho estilo, chocolaterias e enotecas com vinhos de primeira. Evite fazer este roteiro na segunda-feira, dia em que vários estabelecimentos não abrem. INÍCIO: **Metrô até Liceu.**

1 ★★★ **El Quim de la Boquería.** Quim comanda este agitado balcão (*taburete*) dentro do mercado La Boquería há mais de duas décadas. Elogiado por *chefs* e apreciadores de pratos simples, serve apenas frutos do mar frescos e *tapas* de alta qualidade. Muitos vêm aqui para o café da manhã (peça os ovos fritos com *chipirones*, um tipo de lula). ***Mercat de la Boquería, parada nº 584/585.*** ☎ ***93-301-98-20. $$.***

2 ★★★ **Mercat de la Boquería.** O maior mercado de alimentos da Espanha é um paraíso gastronômico. A estrutura, próxima à La Rambla, foi erguida em 1840 e hoje reúne mais de 300 bancas que maravilham os olhos dos passantes com uma sedutora oferta de peixes, frutas, cogumelos (*ceps* e *bolets*) e outras delícias. Pode-se comer no El Quim, no Bar Pintxo e em outros restaurantes do mercado. Na Buffet & Ambigú (parada nº 437), o visitante encontra livros dos *chefs* mais famosos da Espanha. ***1 h.*** ***Ver pág. 11, item 8.***

Dica

Mais informações sobre alimentos nos capítulos "O Melhor das Compras", pág. 72, e "O Melhor da Gastronomia", pág. 94.

Algumas delícias à venda nas bancas do Mercat de La Boquería.

3 ★ **Escribà.** Uma das lojas especializadas em chocolate mais antigas e conhecidas de Barcelona. Pequena, situa-se na Rambla e exibe simpática fachada com traços modernistas (com cacos de cerâmica, ao estilo de Gaudí). Na parte interna, abriga um salão de chá. Hoje a Escribà enfrenta a concorrência de outras casas renomadas, como a de Oriol Balaguer e as pequenas redes Xocoa e Cacao Sampaka. Mas vale a pena vir aqui. ***20 min. La Rambla 83.*** ☎ ***93-221-07-29. Metrô: Liceu ou Plaça de Catalunya.***

4 **Pastis.** Outro paraíso dos chocólatras em ambiente modernista, esta loja nasceu como

Café Garriga, em 1890. No passado uma filial da rede Xocoa, tornou-se negócio independente. Estando aqui, não deixe de apreciar o gracioso vitral do fundo e o teto com trabalhados entalhes de madeira. *20 min. Carrer Carme 3.* *93-304-23-60. Metrô: Liceu ou Plaça de Catalunya.*

5 ★ **Granja Viader.** Apesar de todas as mudanças ocorridas no antigo bairro de Raval, esta casa com mesas com tampo de mármore sobreviveu incólume às transformações. Autêntica *granja* (a mais antiga da cidade, em atividade desde 1870), é famosa pelas bebidas, como a *xocolata desfeta* e o *cacaolat*, um achocolatado vendido em garrafas e consumido por todo o país. *Carrer Xuclà 4-6.* *93-318-34-86. $.*

6 ★★ **Colmado Quílez.** Outro reduto com sabor de passado, em atividade desde 1908 e também o *colmado* mais conhecido de Barcelona. Nas prateleiras, que vão do piso ao teto, uma ampla oferta de alimentos e, no fundo, vinhos trazidos de toda a Espanha, além de 300 marcas de cerveja. *30 min. Rambla de Catalunya, 63.* *93-215-23-56 Metrô: Passeig de Gràcia.*

Colmado Quílez é um armazém ao estilo antigo, que vende enlatados e vinhos.

Queijos, vinhos e carnes defumadas são alguns itens do Queviures J. Murrià.

7 **Cacao Sampaka.** O irmão do famoso *chef* Ferran Adrià, do restaurante El Bulli, preferiu a arte dos doces e inaugurou esta casa dedicada ao chocolate, tanto tradicional como em combinações inusitadas, além de um café-restaurante. Com embalagens de impressionar, os produtos à venda aqui são um excelente presente. *20 min. Consell de Cent 292.* *93-272-08-33. Metrô: Passeig de Gràcia.*

8 ★★ **Queviures J. Murrià.** Ainda mais antiga do que o Colmado Quílez, esta loja de alimentos e bebidas é gerida pela mesma família desde o fim do século 19. A parte externa, obra do artista modernista Ramón Casas, anuncia as maravilhas internas: 200 tipos de vinho, presunto (*jamón*) ibérico e alimentos enlatados. *30 min. Carrer Roger de Llúria 85.* *93-215-57-89. Metrô: Passeig de Gràcia.*

9 ★★ **Mercat Santa Caterina.** Este lindo mercado de alimentos, que passou por reforma recente,

em 2005, abriga um simpático restaurante, o Cuines de Santa Caterina. *Ver pág. 44, item 7.*

10 **Museu de la Xocolata.** Pequeno museu dedicado ao chocolate, com acervo que conta a história do produto e suas formas de produção. As crianças adoram as esculturas de personagens conhecidos e de atrações turísticas, como a Sagrada Família e La Pedrera. ***30 min. carrer del Comerç 32. 93-268-78-78. Ingressos €3,80 adultos, €3,20 idosos e crianças. Seg e ter-sáb 10h-19h; dom 10h-15h. Metrô: Arc de Triomf.***

11 ★★ **E & A Gispert.** Uma das lojas em atividade há mais tempo em Barcelona (funciona desde 1851), vende cafés e chás, frutas secas, nozes, geleias, mel e tradicionais doces catalães, além de cestas para presentes e produtos orgânicos. O ambiente exala os aromas mais peculiares do planeta e ainda conserva o balcão original e as prateleiras de madeira. Trata-se do único lugar da Europa onde se pode ver um forno do tipo que era usado há cerca de 150 anos. ***30 min. C/dels Sombrerers 23. 93-319-73-35.***

12 ★ **Tot Formatge.** Esta graciosa "queijaria" instalada no elegante Passeig del Born é um convite para conhecer novas qualidades do produto e encantar-se com a diversidade de aromas. ***15 min. Passeig del Born 13. 93-319-53-75.***

Queijos de todos os tipos podem ser encontrados na Tot Formatge.

No Museu de la Xocolata, esculturas de personagens feitas de chocolate.

13 **Origen 99,9%.** Uma das portas desta casa levam a uma loja especializada em culinária da Catalunha, ideal para quem procura azeites de oliva e queijos. A outra entrada, voltada para a Igreja de Santa María del Mar, é um restaurante simples, dedicado às tradicionais receitas catalãs. Tente as *torradas* e *cocas* (sanduíches de pão torrado) ou aposte na boa seleção de vinhos regionais. ***30 min. Carrer de Vidriera 6-8. 93-310-75-31. Metrô: Jaume I.***

14 **Vila Viniteca.** Para muitos, este é o verdadeiro "templo do vinho" de Barcelona. Oferece mais de 6 mil opções, além de alguns rótulos que só são encontrados na Espanha. Informe-se sobre as *catas* (degustações) pelo site da casa www.vilaviniteca.es. ***30 min. Agullers 7. 93-268-32-27. Metrô: Jaume I.***

Barcelona **com crianças**

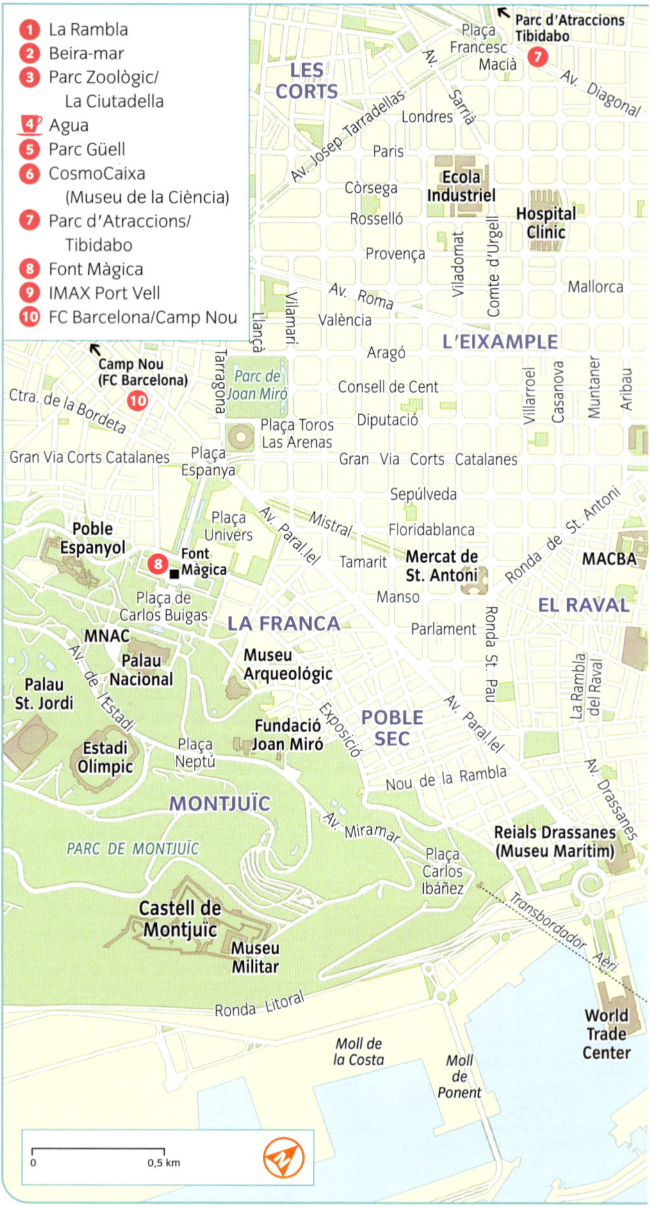

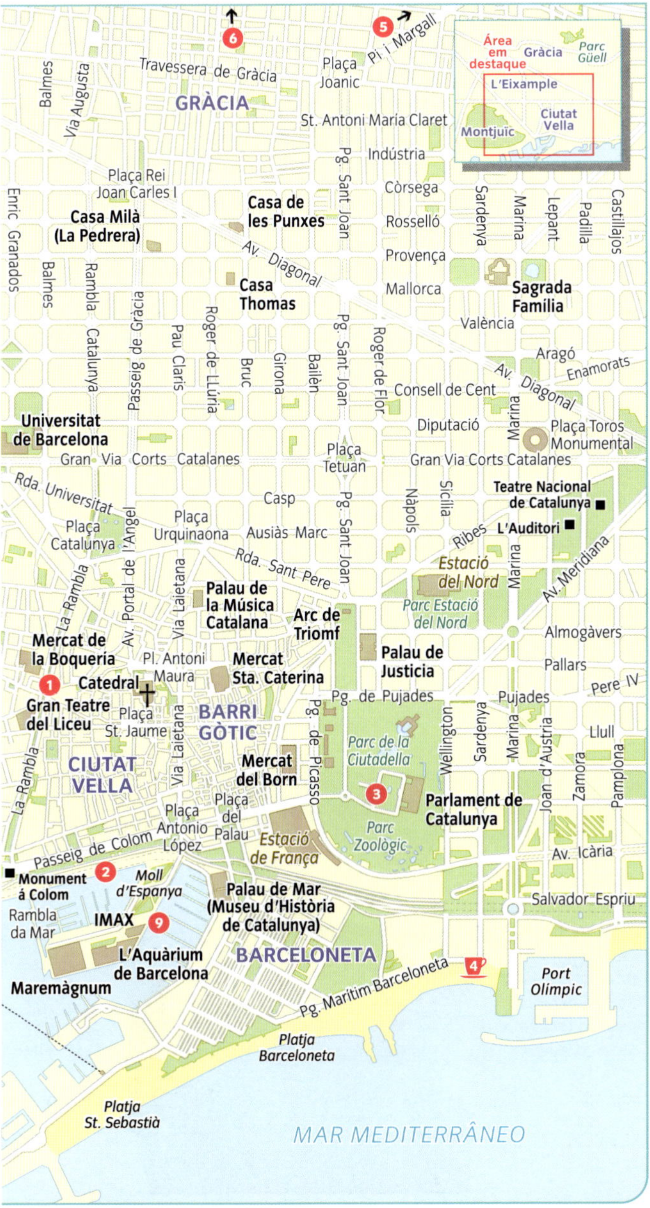
Área em destaque
Gràcia
Parc Güell
L'Eixample
Montjuïc
Ciutat Vella
GRÀCIA
Travessera de Gràcia
Plaça Joanic
Pi i Margall
St. Antoni María Claret
Indústria
Còrsega
Rosselló
Provença
Mallorca
València
Aragó
Enamorats
Consell de Cent
Diputació
Balmes
Via Augusta
Plaça Rei Joan Carles I
Casa Milà (La Pedrera)
Casa de les Punxes
Av. Diagonal
Casa Thomas
Sagrada Família
Enric Granados
Rambla Catalunya
Passeig de Gràcia
Pau Claris
Roger de Llúria
Bruc
Girona
Bailèn
Pg. Sant Joan
Roger de Flor
Sardenya
Marina
Lepant
Padilla
Castillejos
Universitat de Barcelona
Gran Via Corts Catalanes
Plaça Tetuan
Plaça Toros Monumental
Rda. Universitat
Plaça Catalunya
Plaça Urquinaona
Casp
Ausiàs Marc
Rda. Sant Pere
Nàpols
Sicília
Ribes
Teatre Nacional de Catalunya
L'Auditori
Av. Meridiana
Estació del Nord
Parc Estació del Nord
La Rambla
Av. Portal de l'Angel
Via Laietana
Palau de la Música Catalana
Arc de Triomf
Almogàvers
Pallars
Mercat de la Boqueria
Pl. Antoni Maura
Mercat Sta. Caterina
Palau de Justicia
Catedral
Gran Teatre del Liceu
Plaça St. Jaume
BARRI GÒTIC
Pg. de Pujades
Pujades
Pere IV
Llull
CIUTAT VELLA
Mercat del Born
Pg. de Picasso
Parc de la Ciutadella
Wellington
Joan d'Austria
Zamora
Pamplona
Parlament de Catalunya
Plaça Antonio López
Plaça del Palau
Estació de França
Parc Zoològic
Av. Icària
Passeig de Colom
Monument á Colom
Moll d'Espanya
Palau de Mar (Museu d'Història de Catalunya)
Salvador Espriu
Rambla da Mar
IMAX
L'Aquàrium de Barcelona
BARCELONETA
Maremàgnum
Pg. Marítim Barceloneta
Port Olímpic
Platja Barceloneta
Platja St. Sebastià
MAR MEDITERRÂNEO

Com arquitetura arrojada, design de vanguarda e ótima gastronomia, Barcelona pode parecer um destino que encanta sobretudo aos adultos. Mas na cidade não faltam atrações para os menores. Há muito o que fazer ao ar livre, como apreciar os artistas de La Rambla, passear à beira-mar ou conhecer o zoológico, instalado no maior parque da cidade. Até o deslocamento pode ser uma diversão: as crianças adoram o bondinho que liga o porto a Montjuïc e o bonde que leva ao Tibidabo. INÍCIO: **Metrô até Plaça de Catalunya.**

1 ★★★ **La Rambla.** Embora seja preciso prestar atenção para não perder as crianças no meio da multidão, em geral os pequenos visitantes se divertem com as "estátuas" que ganham vida quando algum passante joga uma moeda. *30 min.* *Ver pág. 11, item 7.*

2 ★★ **Beira-mar.** Na região próxima ao porto não faltam excelentes opções da lazer para a família. O **L'Aquàrium**, um enorme e bem projetado aquário, permite ver de perto criaturas como tubarões e enguias, que parecem nadar ao redor do visitante. Já o **carrossel** em estilo antigo costuma agradar aos menores. O destaque do shopping center **Maremàgnum** são as lojas voltadas para o público infantil. Outras opções são os passeios a bordo dos barcos chamados **Las Golondrinas**, que partem várias vezes ao dia, ou simplesmente caminhar no convidativo **Moll de la Fusta** rumo à praia de Barceloneta. Os pequenos se encantam com a escultura de uma lagosta gigante instalada no fim do ancoradouro. *1½ h.* *Ver pág. 88.*

3 ★★ **Parc Zoològic/La Ciutadella.** O maior parque de Barcelona é ideal para um passeio ao ar livre. Com ampla área verde, oferece um lago, barcos a remo e uma linda fonte projetada por Gaudí, além da simpática estufa antiga. Mas, em geral, os pequenos não escondem a preferência pelo zoológico: embora o maior astro da instituição, um gorila albino chamado Copito de Nieve, tenha morrido há alguns anos, o local ainda permite apreciar alguns de seus descendentes, além de lhamas, leões, ursos e hipopótamos. No total, o zoológico da cidade abriga mais de 4 mil animais. *1 h. Parc de la Ciutadella. ☎ 93-225-67-80. www.zoobarcelona.com. Ingressos €15 adultos, €9 estudantes e crianças entre 3 e 12 anos. Verão: diariam. 10h-19h; resto do ano: diariam. 10h-17h. Metrô: Ciutadella ou Arc de Triomf.*

Estátua viva em La Rambla.

O Parc de la Ciutadella é um dos parques mais disputados da cidade.

4 **Agua.** Perto de Port Olímpic funciona este restaurante descontraído, com mesas ao ar livre e vista para a praia. O cardápio de inspiração mediterrânea inclui frutos do mar e risotos, mas não faltam itens que agradam aos pequenos. É possível pedir pratos leves ou bebidas e consumir perto do mar. ***Passeig Marítim de la Barceloneta 30.*** *93-225-12-72. $-$$.*

5 ★★★ **Parc Güell.** Não falta criatividade neste parque projetado por Gaudí. As colunas lembram troncos de árvores, as "portarias" parecem ter saído do conto *João e Maria,* e a fonte em forma de lagarto é a campeã da preferência dos visitantes-mirins. Quando o céu está livre de nuvens, a vista para a cidade (incluindo as espiras da Sagrada Família) impressiona. *1 h. Ctra. del Carmel 28.*

Cheetah Girls

As animadas Cheetah Girls, integrantes do grupo adolescente que protagoniza dois filmes da Disney, gravaram a segunda produção, *Cheetah Girls 2,* em Barcelona. E, na trama, a cidade assume uma função de "quase personagem". As quatro garotas (Galleria, Dorinda, Aquanetta e Chanel) se deslocam por diversos pontos conhecidos da cidade (às vezes, contrariando a lógica geográfica). Adolescentes que assistiram ao filme vão adorar conhecer, ao vivo, algumas das locações do filme, como Montjuïc; o textilcafé, instalado nas dependências do Museu Tèxtil i d'Indumentària; Passeig del Born; Carrer Montcada; Parc Güell; El Palau de la Música; Estació de França e, para o *grand finale*, num show ao ar livre, a Plaça del Rei. A grande surpresa é o fato de que a festejada Rambla foi descartada como *set* cinematográfico pelos produtores.

☎ 93-424-38-09. Acesso gratuito ao parque; Casa-Museu Gaudí €4. Diariam. 10h-anoitecer. Metrô: Lesseps (depois 15 minutos de caminhada, subida). Ônibus: 24 ou 28.

❻ ★★★ **CosmoCaixa (Museu de la Ciència).** Um dos maiores e melhores museus científicos do mundo, este magnífico centro de aprendizado passou por reformulação recente e tem como principal destaque a proposta "mão na massa": aqui as crianças podem mexer no material exposto – e adoram essa oportunidade. Com uma imensa área para exposições (3.700 m²), um dos destaques é a parte que reproduz a floresta tropical, incluindo plantas e animais. O planetário 3D e a curiosa Parede Geológica também encantam os visitantes. *1½ h. Teodor Roviralta 55. ☎ 93-212-60-50. €3 planetário e outras atividades, €2 complemento. Grátis primeiro domingo do mês. Ter-dom 10h-20h. FGC: Av. Tibidabo (depois 10 minutos de caminhada). Ônibus: 17, 22, 58 ou 73.*

Ronaldinho foi um dos brasileiros que brilharam com a camisa do Barça.

Diversão para a família

Se a ideia é aproveitar a visita a Barcelona e fazer programas que agradem a todos, algumas alternativas são:

O antigo **Parc d'Atraccions Tibidabo** ❼, parque de diversões que funciona há mais de um século e tem um "chapéu-mexicano" peculiar: quando em movimento, o ocupante tem a impressão de que será lançado sobre a cidade. Ver pág. 21, item ❽.

Font Màgica ❽, as coloridas fontes dançantes instaladas na base da colina de Montjuïc. Plaça Carles Buïgas 1. Mai-out: qui-dom a cada meia hora entre 9h30 e 23h30. Out-set: sex-sáb a cada meia hora entre 19h e 20h30. Grátis. Metrô: Espanya.

IMAX Port Vell ❾, um cinema à beira-mar. No Moll de Espanya. ☎ 93-225-11-11. Ingressos €7.

Uma partida de ***fútbol*** no **FC Barcelona/Camp Nou** ❿, do time da cidade, o Barça. Aristides Maillol s/n. ☎ 93-496-36-00. www.fcbarcelona.com. Ingressos a partir de €24. Pode-se visitar o estádio e o museu (ingressos entre €7-€11). Metrô: Collblanc.

3 As melhores caminhadas

La Rambla

Página anterior: mulher caminha em uma rua de Barcelona.

Será que no mundo existe uma via mais graciosa? O autor francês Victor Hugo elegeu La Rambla "a rua mais linda do mundo", enquanto o poeta espanhol Federico García Lorca declarou que era "a única que ele gostaria que não acabasse". Arborizada e com acesso limitado a pedestres, esta alameda com quase 2 km se prolonga entre a animada Plaça de Catalunya e a região à beira-mar. À esquerda de quem desce a Rambla rumo ao mar está o Barri Gòtic e, à direita, El Raval. INÍCIO: **Metrô até Plaça de Catalunya.**

1 **Café Zurich.** Na extremidade da Rambla, a oeste da Plaça de Catalunya e perto do shopping El Triangle, fica este café com mesas na calçada. Para muitos, é o melhor lugar da cidade para observar os passantes e tomar café antes de começar um passeio. O local tinha bem mais charme antes da reforma ocorrida há alguns anos, mas ainda permanece uma importante referência da vida de Barcelona. *Pl. Catalunya 1. ☎ 93-317-91-53. $.*

Font de Canaletes.

2 **Rambla de Canaletes.** O trecho inicial da Rambla costuma viver cheio, sobretudo quando há jogos do Barça. Nas bancas de jornal daqui é possível encontrar publicações estrangeiras e, neste trecho, já se podem ver as primeiras das famosas estátuas vivas, comuns por aqui. Palco a céu aberto, a charmosa via acolhe personagens que variam de cantores de ópera a soldados romanos, todos à espera de uma moeda para ganhar a vida. A Font de Canaletes, instalada no século 19, tem fama de transformar em morador permanente da cidade quem beber de sua água.

Passantes se reúnem para apreciar artista de rua na Rambla.

3 ★★ **Rambla dels Estudis.** O som não deixa dúvidas: a via popularmente conhecida como Rambla dels Ocells ("dos pássaros") é disputada por quem procura papagaios, periquitos e outras aves. Quando a noite chega, os donos das bancas simplesmente cobrem as gaiolas, e os animais passam a noite ali.

4 ★★ **Rambla de les Flors.** Aqui os itens em oferta para os passantes são flores, que deram o nome informal à Rambla de Sant Josep. À direita, atente para a modernista loja de chocolates chamada **Escribà** (Antiga Casa Figueres, La Rambla 83), uma das

Florista arruma os buquês à venda na Rambla de les Flors.

mais antigas de Barcelona. Outra bela construção no mesmo estilo é a **Farmacia Genové** (nº 77). O **Palau de la Virreina** (nº 99), grandioso edifício erguido no final do século 18 para acomodar a viúva do vice-rei do Peru, hoje sedia um museu de arte contemporânea.

5 ★★★ **Mercat de la Boquería.** À direita da Rambla para quem desce rumo ao mar está um elemento essencial na vida dos barceloneses: o Mercat de Sant Josep, mais conhecido como La Boquería. Este agitado mercado construído no século 19 encanta os sentidos com seus produtos de qualidade. Alguns clientes são chamados pelo nome, e os mais argutos chegam bem cedo. *La Rambla 91-101. ☎ 93-318-25-84.*

6 ★★ **Gran Teatre del Liceu.** O ponto mais movimentado é a esquina da Rambla com a Pla de la Boquería (há um **mosaico de Miró** na calçada). Uma das mais importantes óperas da Europa é o **Liceu**, situado à direita. Desde 1874, seu palco apresenta grandes nomes catalães, como Montserrat Caballé e José Carreras. Em 1994, pegou fogo pela terceira vez, mas a hábil recuperação acrescentou melhorias *high-tech* sem afetar-lhe a essência. *La Rambla 51-59. ☎ 93-485-99-14. Passeios guiados, com visita ao Cercle del Liceu, diariam. 10h. Ingressos €8,50, grátis para menores de 10 anos. Passeios reduzidos (sem acesso ao Cercle del Liceu) diariam. 11h30, 12h e 13h. Ingressos €3,50, grátis para menores de 10 anos.*

O Hotel Oriente era o favorito de Hemingway em Barcelona.

La Rambla? Les Rambles? Las Ramblas?

A palavra "rambla" tem origem árabe e significa "leito seco de rio", que é o que existia aqui até o século 14, quando os barceloneses começaram a ocupar a área. O córrego foi coberto e transformado em bulevar exclusivo para pedestres. Algumas pessoas referem-se à via no plural (Les Rambles, em catalão), pois, na verdade, trata-se da reunião de cinco trechos distintos e com nomes específicos. Mas a unidade entre as partes ficou tão harmônica que, para muitos moradores da cidade, a forma singular define bem essa charmosa via. Os horários de maior movimento são pouco antes do almoço e no final da tarde, mas Rambla nunca está às moscas: até de madrugada há movimento, seja de vendedores de jornais arrumando seus exemplares seja de boêmios voltando para casa.

Vista de La Rambla a partir da Rambla de Santa Mónica.

7 ★ **Café de la Ópera.** Este café é um antigo ponto de encontro de frequentadores da ópera, amantes da literatura e, mais recentemente, turistas, jovens, gays e notívagos. Bom lugar para pedir um café, cerveja ou lanche durante o dia, mas bem mais animado à noite. *La Rambla 74. ☎ 93-317-75-85. $.*

8 ★ Rambla dels Caputxins. Conforme o desenho topográfico da Rambla "desce", o mesmo acontece com sua fama. Mas o trecho final também abriga diversão, como malabaristas, leitores de tarô, mímicos e caricaturistas. À direita ergue-se o **Hotel Oriente**, o favorito de Hemingway na cidade. Perto daqui situa-se o **Palau Güell**, mansão projetada por Gaudí em 1885. Vale a pena visitar este palácio em estilo gótico e observar as imponentes chaminés cobertas de cerâmica que se erguem do teto.

9 ★ Plaça Reial. Uma pequena passagem leva até esta graciosa praça, cercada de arcos e palmeiras e com fonte no centro. Originalmente parte de um convento, virou refúgio de ladrões e viciados até a reforma que conferiu o aspecto atual: uma concentração de cafés, bares e restaurantes.

10 ★ Rambla de Santa Mònica. É a parte mais próxima à região do porto. O elegante **Centre d'Art Santa Mònica** sedia exposições de arte contemporânea, mas, ainda assim, este é o trecho menos badalado da Rambla.

O labirinto de ruelas que se estende à direita constitui o já famoso Barri Xino de Barcelona. Os **Drassanes Reials**, magníficos estaleiros com estrutura medieval e atual sede do excelente **Museu Marítim**, são o destaque desta parte. *Ver pág. 15, item 3.*

11 Monument a Colom. O término das Ramblas é marcado pelo monumento em homenagem a Cristóvão Colombo. Embora a proposta da estátua seja a de apontar para o Novo Mundo, os mais detalhistas garantem que o navegador na verdade está voltado para a região de Maiorca, e não para a América. Segundo os registros, após a viagem de descobrimento do novo continente, Cristóvão Colombo voltou a Barcelona e foi recebido pelos reis católicos, Fernando e Isabel.

A Plaça Reial é um ótimo lugar para descansar e observar o movimento.

Barri Gòtic

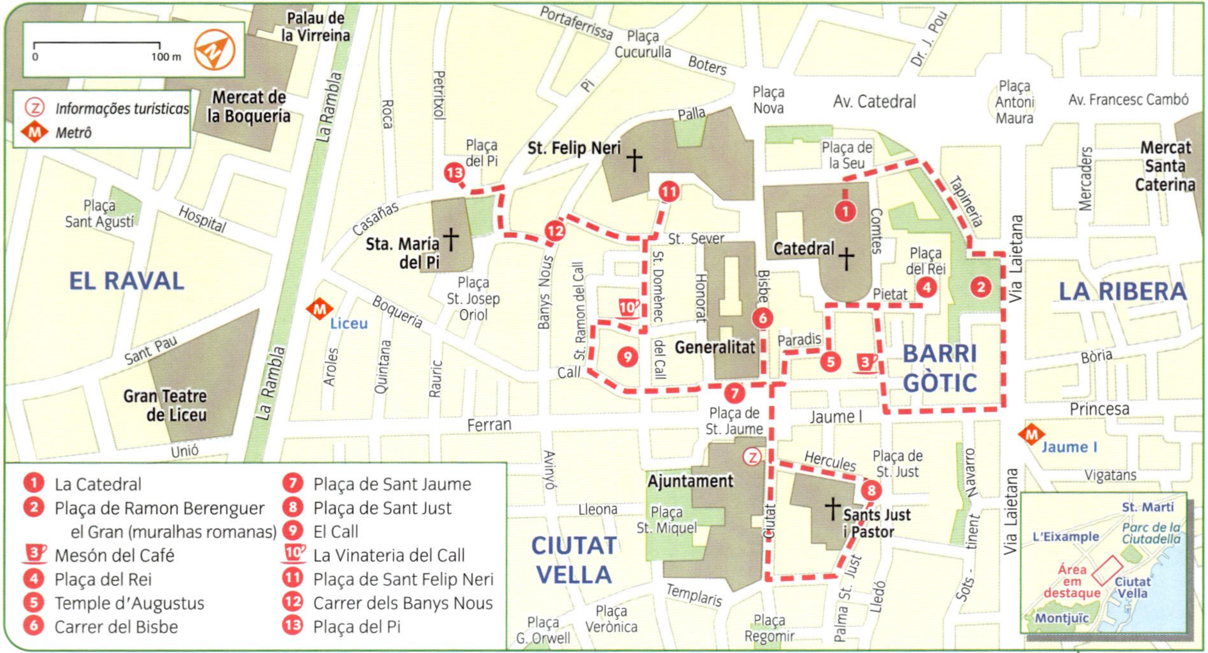

1 La Catedral
2 Plaça de Ramon Berenguer el Gran (muralhas romanas)
3 Mesón del Café
4 Plaça del Rei
5 Temple d'Augustus
6 Carrer del Bisbe
7 Plaça de Sant Jaume
8 Plaça de Sant Just
9 El Call
10 La Vinateria del Call
11 Plaça de Sant Felip Neri
12 Carrer dels Banys Nous
13 Plaça del Pi

É delicioso percorrer o Barri Gòtic, parte da cidade que inclui o que restou do antigo bairro judaico, El Call, e também os vestígios de quando Barcelona era um entreposto romano. O labirinto de ruas estreitas e com pavimento de pedra oculta alguns monumentos importantes (palácios, conventos e igrejas), além de atrações menos conhecidas. **INÍCIO: Metrô até Jaume I.**

1 ★★ La Catedral. Por muito tempo, a parte antiga da cidade foi chamada de "bairro da catedral", ponto central da área. Os moradores costumam se reunir na **Plaça Nova** (apesar do nome, data de 1358), em frente à catedral, para dançar a típica *sardana* (em geral, aos domingos de manhã ou feriados). À direita da entrada principal da catedral ergue-se o **Portal de Bisbe**, duas torres semicirculares e um dos portões da fortificada cidade romana de Barcino (século 4º d.C.). *Ver pág. 12, item 10.*

2 ★★ Plaça de Ramon Berenguer el Gran. Esta praça exibe um dos maiores fragmentos da segunda muralha romana, que remonta ao século 4º d.C. A estátua equestre representa o herói catalão do século 12 que dá nome à praça. Outros destaques daqui são o Palau Reial Major, construído no século 14, a Capela de Santa Àgata e uma torre gótica. O melhor lugar para apreciar essas construções é a partir da Plaça del Rei. *Vía Laietana s/n.*

O Mirador del Rei Martí é um dos destaques da Plaça del Rei.

Plaça Ramon Berenguer.

3 ★★ Mesón del Café. Minúsculo em tamanho e generoso em charme, funciona desde 1909 e é frequentado por moradores (para muitos, o café daqui é um dos melhores da cidade). Se não conseguir uma das mesas do fundo, acomode-se no balcão. *Carrer Llibretería 16 ☎ 93-315-07-54. $.*

4 ★★★ Plaça del Rei. Esta praça nobre e austera é a pérola do Barri Gòtic. Aqui há ruínas romanas subterrâneas e o medieval palácio real, onde acredita-se que os reis católicos tenham recebido Cristóvão Colombo após sua volta da América. A escultura da praça, *Topos V*, é de autoria do basco Eduardo Chillida, um dos artistas espanhóis mais famosos do século 20. *Ver pág. 15, item* 1.

5 ★★ **Temple d'Augustus.** *Ver pág. 34, item* 7.

6 ★★ **Carrer del Bisbe.** Uma das ruas mais bonitas do Barri Gòtic, a antiga artéria principal da cidade romana liga a catedral à Plaça Sant Jaume. De um lado estão as **Cases dels Canonges**, conjunto de palácios góticos erguidos no século 14. Do outro lado fica o **Palau de la Generalitat**, sede do governo regional da Catalunha (as gárgulas instaladas no telhado parecem vigiar o movimento). Cobrindo a rua há uma passagem de pedra entalhada que, apesar da aparência gótica, foi acrescida em 1928.

A charmosa passagem que cobre o Carrer del Bisbe foi instalada em 1928.

Ciclista percorre o Barri Gòtic.

7 ★ **Plaça de Sant Jaume.** Importante ponto de encontro na era romana, esta ampla praça há mais de cinco séculos é o epicentro das manifestações políticas. De um lado ergue-se o Palau de la Generalitat e, do outro, a prefeitura da cidade, **Ajuntament**, construído no século 14. *Ver pág. 34, item* 9.

8 ★★ **Plaça de Sant Just.** Esta pequena praça é uma das reminiscências mais representativas da Barcelona medieval. A **Església dels Sants Just i Pastor**, iniciada em 1342, exibe uma nave única, construída no estilo gótico catalão. Em geral, abre para a missa aos

Personagem peculiar

Quem percorre a feira de artesanato natalino montada na praça em frente à catedral encontra uma figura folclórica que, nos tempos recentes, ganhou referências modernas. Trata-se de *el caganer*, um bonequinho (em geral com a tradicional boina vermelha) que sempre é representado defecando. Por mais estranho que pareça, simboliza a relação dos catalães com a terra e o desejo de preservar sua fertilidade. Originalmente criados para fazer parte dos presépios, os *caganers* atuais não se limitam mais às figuras típicas: nas bancas dos artesãos, é possível encontrar personagens como Bart Simpson, jogadores de futebol e políticos espanhóis e estrangeiros.

domingos. A fonte gótica situada na praça é de 1367. O **Palau Moxó**, imponente mansão que se destaca na praça, foi acrescido em 1700.

9 ★ **El Call.** O Carrer del Call leva a um emaranhado de ruelas que, na Barcelona medieval, abrigava o bairro judaico (até a expulsão dos judeus da Espanha, em 1492). A **Sinagoga Medieval de Barcelona** é a mais antiga do país, de acordo com um documento de 1267. Perto, há uma inscrição em hebraico antigo que se refere a um falecimento ocorrido em 692 d.C.: "Rabino Samuel Hassareri, que sua existência nunca termine". *Carrer Marlet 5. ☎ 93-317-07-90. www.calldebarcelona.org. Ingressos €2. Seg-sáb 11h-18h; dom 11h-15h.*

10 **La Vinateria del Call.** Este reduto romântico situado no centro do antigo bairro judaico serve vinhos e *tapas* catalãs, como embutidos e queijos. *Carrer de Sant Domènec del Call 9. ☎ 93-302-60-92. $.*

11 ★★★ **Plaça de Sant Felip Neri.** Ao fim de uma minúscula passagem próxima ao Carrer Sant Sever fica um dos locais mais tran-

Plaça de Sant Felip Neri, um recanto de serenidade em pleno Barri Gòtic.

Relíquia do antigo bairro judaico de Barcelona, El Call.

quilos e poéticos da Ciutat Vella (no passado, aqui havia um cemitério). Atrás da fonte borbulhante, o testemunho da violência que tomou conta da Espanha em passado não muito distante: as paredes de uma igreja erguida no século 17 exibem as marcas das bombas que mataram 42 pessoas em 1938, durante a Guerra Civil Espanhola.

12 ★ **Carrer dels Banys Nous.** Esta via simpática (o nome significa "rua das termas novas", apesar de construídas no século 12) acompanha a antiga muralha romana e hoje é chamada de *el carrer dels antiquaris*, por causa da concentração de antiquários.

13 ★★ **Plaça del Pi.** Um conjunto de praças bonitas e que se comunicam cerca a Igreja **Santa Maria del Pi**, erguida nos século 15 e famosa pela bela rosácea. A **Plaça de Sant Josep Oriol** liga-se à Plaça del Pi, e atrás da igreja está a pequena **Placeta del Pi.** As praças destacam-se pela peculiar técnica decorativa chamada *sgraffito*, presente na fachada de várias construções e importada da Itália no século 18. Mas muitos vêm aqui por causa da feira de artesanato promovida nos finais de semana.

La Ribera

1. Carrer de l'Argenteria
2. Santa María del Mar
3. Fossar de les Moreres
4. Passeig del Born
5. Antic Mercat del Born
6. Passeig de Picasso
7. Carrer del Comerç
8. Montiel
9. Carrer de Montcada
10. Carrer dels Sombrerers
11. Lojas de La Ribera
12. Capella del Marcús
13. Mercat Santa Caterina
14. Sant Pere de les Puel.les
15. El Palau de la Música Catalana

Com o florescimento do comércio maritimo nos séculos 13 e 14, o Barri de la Ribera (que tem esse nome porque, no passado, a orla vinha até aqui), tornou-se um disputado bairro habitado por mercadores. Até há pouco tempo, a região era conhecida sobretudo por causa da bela Igreja de Santa María del Mar e do prestigiado Museu Picasso. Na última década, porém, La Ribera (e especificamente a área chamada de "El Born") transformou-se no bairro "da moda", com bares, restaurantes e lojas sofisticadas. Apesar do movimento, comum à noite, ainda preserva sua personalidade medieval. INÍCIO: **Metrô até Jaume I.**

1 Carrer de l'Argenteria. Quem deixa para trás o movimento da Vía Laeitana, avenida que corta a Ciutat Vella desde a década de 1930, pode explorar a pé a "rua dos prateiros", que ganhou este nome no século 16. Lojas, bares, restaurantes de *tapas* e hotéis dominam a paisagem, mas basta uma volta pelas carrer Grunyí ou Rosic para sentir o gosto do passado.

2 ★★★ Santa María del Mar. Uma parada, ainda que rápida, nesta belíssima igreja construída no século 14 (e grande oportunidade de apreciar o estilo gótico catalão) permite serenar os ânimos antes de continuar a exploração desta animada parte da cidade. *Ver pág. 13, item 12*.

3 Fossar de les Moreres. Há uma chama acesa o tempo todo em uma pequena praça na parte direita da entrada principal de Santa María del Mar. O símbolo relembra a vitória das forças reais sobre Barcelona, em 11 de setembro de 1714, fato que marcou o fim da disputa pela sucessão espanhola. Logo em seguida, o rei Filipe V proibiu a disseminação da cultura catalã, o que incluiu o idioma local. A data, hoje importante feriado, marca o Dia da Catalunha. A partir daqui, entre na minúscula passagem chamada Carrer de Malcuinat (que significa "malcozido") e ande até a **Plaça de les Olles**. Siga para o Passeig del Born pelo Carrer de la Vidreria e aproveite para sentir o clima desta parte do bairro tão próxima do Mediterrâneo.

4 ★★ Passeig del Born. Esta ampla e elegante via, com suas árvores e bancos de pedra, é um bom lugar para descanso. No passado, aqui eram realizados torneios medievais, daí a importância do local durante o apogeu da

Santa María del Mar.

Animação no Passeig del Born.

atividade marítima de Barcelona (séculos 13 a 18). Hoje são os moradores dos apartamentos que combatem as disputadas lojas, os cafés com mesas na calçada e os bares que ocupam a via principal e as travessas do *passeig*.

5 Antic Mercat del Born. No final do Passeig del Born fica o antigo mercado coberto da Ribera, que exibe um peculiar telhado com estrutura metálica. Construído em 1876, passou muito tempo abandonado – até a descoberta de vestígios arqueológicos da época medieval. Com essa novidade, é possível que o mercado seja reformado e passe a acomodar um museu ou centro cultural.

6 Passeig de Picasso. Esta avenida acompanha o limite oeste do Parc de la Ciutadella, maior área verde da região central de Barcelona. Nela está instalada a escultura de Antoni Tàpies *Homenagem a Picasso*, feita em 1981 (na verdade, um cubo de vidro que cerca uma composição ao estilo cubista). Pouco mais à frente ficam o Museu de Geologia e o Museu de Zoologia (pág. 86, item 2), este com instalações projetadas por Domènech i Montaner, além de L´Hivernacle, uma estufa do século 19.

7 Carrer del Comerç. Esta rua nos limites de La Ribera é uma das muitas que se viram tomadas por lojas e restaurantes, o que confirmou a vocação anunciada em seu nome. O **Museu de la Xocolata** (pág. 49, item 10) está instalado no Comerç 36. A via paralela, **Carrer del Rec**, é o paraíso para quem gosta de lojas descoladas de roupas e de móveis.

Vestígios arqueológicos no Mercat del Born.

Carrer de les Mosques.

8 ★ **Montiel.** Esta loja de alimentos e restaurante serve especialidades espanholas e catalãs, como o *jamón de Jabugo* (presunto ibérico), *pa amb tomaquet* (pão com tomate e azeite de oliva), embutidos típicos e vinhos da região. Na hora do almoço, uma boa opção é a seleção de *tapas* oferecida no menu a preço fixo. ***Carrer Flassaders 19.*** ☎ ***93-268-37-29. $.***

9 ★★★ **Carrer de Montcada.** Famosa pelas mansões em estilo gótico e pelo Museu Picasso, esta avenida convida para um delicioso passeio. Não deixe de ver o estreito Carrer de les Mosques ("rua das moscas"). ***Ver pág. 31, item*** 2.

10 **Carrer dels Sombrerers.** Ao lado da Igreja de Santa María del Mar fica esta pequena rua, que na verdade se chama "Santo Antônio dos Fabricantes de Chapéu". A **E&A Gispert** (pág. 49, item 11) é uma loja antiga e tem um forno com um século e meio de existência.

11 ★ **Lojas de La Ribera.** Nas proximidades do Carrer de la Princesa saem várias vias que exibem vitrines de designers modernos, testemunho da transformação do bairro. Dedique especial atenção ao Carrer Carassa e ao Vigatans antes de voltar ao Carrer de la Princesa.

12 ★ **Capella del Marcús.** Vale a pena entrar nessa capela em estilo românico, erguida em 1166 perto da então entrada principal da cidade romana (hoje Carrer dels Carders). ***Pl. Marcús s/n.***

13 ★★ **Mercat Santa Caterina.** Este mercado com um telhado criativo e rico em cores ganhou o coração dos amantes da arquitetura e de *gourmets* em busca de ingredientes frescos. ***Ver pág. 44, item*** 7.

14 **Sant Pere de les Puel.les.** Pouco restou da igreja original pré-românica e do mosteiro beneditino, mas ainda dá para ver uma parte do piso em forma de cruz grega (século 10), o campanário românico e alguns capitéis coríntios sob a cúpula do século 12. ***Carrer Lluís el Piadós 1.*** ☎ ***93-268-07-42. Grátis. Seg-sex 8h30-13h e 17h-19h30; sáb 8h30-13h e 16h30-18h30; dom 10h-14h.***

15 ★★★ **El Palau de la Música Catalana.** Se você ainda não teve a oportunidade de conhecer esta sala de espetáculos, obra-prima de Domènch i Montaner, não perca a chance. ***Ver pág. 20, item*** 6.

Vitral instalado no teto do Palau de la Música Catalana.

L'Eixample

0
0,25 km
Área em destaque
L'Eixample
Parc de la Ciutadella
Ciutat Vella
Montjuïc
Perill
Plaça Rei Joan Carles I
Còrsega
Av. Diagonal
Diagonal
Rosselló
Passatje de la Concepción
Casa Milà (La Pedrera)
Casa de les Punxes
Provença
Verdaguer
Rambla Catalunya
Passeig de Gràcia
Pau Claris
Bruc
Casa Thomas
Mallorca
Passatje de Domingo
Passatje dels Camps Elisis
Girona
Bailèn
València
Roger de Llúria
Mercat de la Concepción
Fundació Antoni Tàpies
L'EIXAMPLE
Aragó
Casa Batlló
Casa Amatller
Casa Lleó Morera
Passeig de Gràcia
Passatje de Méndez Vigo
Consell de Cent
Torre d'Aigües
Diputació
Gran Via Corts Catalanes
Casp
Ronda Universitat
Ronda Sant Pere
Plaça Catalunya
Plaça Urquinaona
Urquinaona
Fontanella
Catalunya
Informações turísticas
Metrô
1 Casa Calvet
2 Passatge de Permanyer
3 Pati de les Aigües
4 Queviures J. Murrià
5 Casa Thomas
6 Cor Caliu
7 Casa de les Punxes
8 Palau del Baró de Quadras

L'Eixample é uma região bastante conhecida pelo incrível conjunto de construções modernistas erguidas no final do século 19 e início do século 20, que deram ao bairro o apelido de "El Quadrat d´Or". Este roteiro permite conhecer algumas das atrações menos celebradas. Se, ao final do dia, restar tempo e energia, emende com uma caminhada pelo Passeig de Gràcia ou pela Rambla de Catalunya. INÍCIO: **Metrô até Urquinaona.**

1 **Casa Calvet.** Quem projetou este prédio de apartamentos foi Antoni Gaudí, em 1899. Uma das primeiras encomendas do arquiteto, ficou célebre por causa dos detalhes inovadores. Aqui foi instalado o primeiro elevador de Barcelona, que exibe uma notável cúpula decorativa. No térreo funciona um caro restaurante em espaço que Gaudí projetou para acomodar uma loja de tecidos. Visitantes que apreciam a boa mesa e os encantos arquitetônicos podem combinar os "apetites" e fazer uma refeição aqui. *Carrer Caspe 48.* *Ver pág. 29, item 9.*

2 ★ **Passatge de Permanyer.** Este pátio interno, com uma torre d'água de tijolo no meio, hoje pode ser visitado. Para chegar aqui, é preciso entrar numa travessa da Roger de Llúria, entre Diputació e Consell de Cent. O destaque é o conjunto de belas casas, muito bem cuidadas e com jardim em estilo inglês, protegidas por um trabalhado portão de ferro. Talvez seja a melhor mostra do que Ildefons Cerdà, criador de L´Eixample, planejava para o bairro.

Uma refeição na Casa Calvet permite conhecer por dentro este prédio histórico.

3 **Pati de les Aigües.** Entre o Carrer Roger de Llúria e o Bruc, este pátio interno com uma torre d'água passou por reformas e foi aberto ao público. Trata-se de uma rara oportunidade de apreciar os jardins dos prédios na forma imaginada por Cerdà – ou seja, espaços públicos com muito verde e acesso livre. Muitos destes pátios foram ocupados por outras construções ou simplesmente tornaram-se "privados". *Carrer Roger de Llúria 56. ☎ 93-424-38-09.*

A graciosa Passatge de Permanyer.

O Palau de Baró de Quadras foi projetado por Puig i Cadafalch.

4 ★★ **Queviures J. Murrià.** Este magnífico armazém com ares de passado pertence à mesma família há 150 anos. A fachada do prédio é obra do pintor modernista Ramón Casas. *Carrer Roger de Llúria, 85. ☎ 93-215-57-89.*

5 ★★ **Casa Thomas.** No Carrer Mallorca fica esta magnífica casa (1895-98), projetada por Domènech i Muntaner. Originalmente com apenas dois andares, foi ampliada em 1912. Até pouco tempo, aqui funcionava a chique B. C. Ediciones de Diseño, famosa pelos projetos com design moderno e reproduções de Gaudí. Uma loja de móveis menos badalada, a Favorita, ocupou o espaço em 2006. Os visitantes podem entrar e explorar os dois andares sem problemas. *Carrer Mallorca 291-293. ☎ 93-476-57-21.*

6 **Cor Caliu.** Simpático bar e restaurante de esquina, o Cor Caliu convida para um café, cerveja ou *tapas* no bar da frente, ou para uma refeição completa no restaurante do fundo. Bastante apreciado pelos moradores do bairro. *Carrer Roger de Llúria 102. ☎ 93-208-20-29. $$.*

7 **Casa de les Punxes.** Também chamada de Casa Terrades ou de "casa das pontas", por causa dos torreões singulares, esta rara construção de 1905 é criação de Josep Puig i Cadafalch e premiada obra modernista. Com ares de ter saído de um conto de fadas, tem características peculiares, como três entradas separadas (para cada filha da família), paredes externas voltadas para os quatro pontos cardeais e decoração com cerâmica. *Av. Diagonal 416-420.*

8 **Palau del Baró de Quadras.** Esta mansão de 1906, também assinada por Puig i Cadafalch, é um grande exemplo da criatividade do arquiteto catalão. Até 2003, sediou o Museu de la Música, mas foi comprada pela fundação cultural Casa Asia e é aberta à visitação. Apesar do tema específico, dos incensos e dos elementos que podem parecer fora de contexto, a parte interna, com teto mourisco e madeira entalhada, é muito bela. A partir do terraço pode-se apreciar a Casa de les Punxes, com as distintas espiras da Sagrada Família ao fundo. *Av. Diagonal 373. ☎ 93-368-73-37. www.casaasia.es. Grátis. Seg-sáb 10h-20h; dom 10h-14h.* ●

Vale conhecer a peculiar Casa de les Punxes, chamada de "casa das pontas".

4 O melhor das **compras**

Endereços de destaque

Antiguidades
★★★ L' Arca de l'Aviva, *c/ Banys Nous 20*

Grife masculina
★★ Antonio Miró, *c/ Consell de Cent 349*

Grife feminina
★★★ Josep Font, *c/ Provença 304*

Artigos de couro
★★★ Lupo Barcelona, *c/ Mallorca 257, bajos*

Design
★★★ Vinçón, *Pg. de Gràcia 96*

Suvenires
Vaho Works, *c/ Cotoners 8*

Alimentos
★★★ E & A Gispert, *c/ dels Sombrerers 23*

Vinhos especiais
★★★ Vila Viniteca, *c/ Agullers 7*

Barcelona antiga
★★ Herbolisteria del Rei, *c/ del Vidre 1*

Livros de culinária
★ Buffet y Ambigú Mercat de la Boquería, *La Rambla 91, parada 437*

Loja de departamentos
El Corte Inglés, *Plaça de Catalunya 14*

Ruas com antiquários
★★ Carrer de la Palla
★★ Carrer Banys Nous

Shopping para crianças
Maremàgnum, *Moll d'Espanya 5*

Moda de vanguarda
★★★ Natalie Capell Atelier de Moda, *Carassa 2*

Artigos religiosos
★★ Caelum, *c/ de la Palla 8*

Produtos da Catalunha
★★ Origen 99.9%, *c/ Vidrería 6-8*

Camisetas originais
★★ Kukuxumusu, *c/ L'Argenteria 69*

Página anterior: vitrine da loja Heritage. Acima: produtos à venda na E & A Gispert.

L'Eixample

Agatha Ruiz de la Prada **10**
Antonio Miró **8**
Bulevar dels Antiquaris **4**
Cacao Sampaka **11**
Casa del Llibre **5**
Colmado Quílez **6**
Dom **12**
El Corte Inglés **15**
El Triangle **17**
FNAC **16**
Josep Font **2**
LAIE **14**
Loewe **9**
Lupo Barcelona **3**
Regia **7**
Vinçon **1**
Zara **13**

Ciutat Vella e Beira-mar

BCN Original Shops **17**
Beardsley **7**
Buffet y Ambigú **6**
Caelum **9**
Camper **2**
Casas **5**
Cereria Subira **16**
Custo Barcelona **31**
Demasié **23**
Discos Castelló **4**
E & A Gispert **27**
Etxart & Panno **30**
Forvm Ferlandina **1**
Ganiveteria Roca **8**
Giménez & Zuazo **3**
Herbolisteria del Rei **14**
Heritage **12**
Ici Et Là **35**
Itaca **15**
Ivo & Co. **24**
Jocomomola de Sybilla **20**
Kukuxumusu **26**
L'Arca de l'Aviva **11**
La Galería de Santa María Novella **34**
Maremàgnum **36**
Natalie Capell Atelier de Moda **21**
Origen 99,9% **32**
Platamundi **22**
Rafa Teja Atelier **33**
Sala d'Art Artur Ramón **10**
1748 Artesana i Coses **28**
Sombrerería Obach **13**
Tot Formatge **29**
Vaho Works **19**
Verd Poma **18**
Vila Viniteca **25**

0
0,25 km
Informações turísticas
Metrô
Plaça Catalunya
Catalunya
Pl. Urquinaona
Urquinaona
Fontanella
Trafalgar
Santa Anna
Av. Portal de l'Àngel
Comtal
Canuda
Montsió
Ortigosa
Palau de la Música Catalana
St. Pere Més Alt
Plaça St. Pere
St. Pere Mitjà
St. Pere Més Baix
Via Laietana
Portaferrissa
Pi
Palla
Av. Catedral
Plaça Antoni Maura
Av. Francesc Cambó
St. Felip Neri
Catedral
Mercat Santa Caterina
Plaça St. Agustí Vell
St. Sever
Banys Nous
Generalitat
Bisbe
Comtes
Mercaders
Carders
Plaça Allada i Vermell
Comerç
LA RIBERA
Call
Plaça St. Jaume
Jaume I
Bòria
Princesa
Ajuntament
CIUTAT VELLA
Sants Just i Pastor
BARRI GÒTIC
Argenteria
Miralles
Vells
Banys
Montcada
Museu Picasso
Rec
Fusina
Passeig de Picasso
Ver destaque
Mercat del Born
Pg. Born
Santa Maria del Mar
BORN
Ribera
Plaça G. Orwell
Avinyó
Ataülf
Pati Llimona
Plaça Traginers
Carabassa
Serra
Gignàs
Ample
Correus (Correios)
Llotja de Mar
Fusteria
Mercè
La Mercè
Plaça Mercè
Plaça Antonio López
Pg. Isabela II
Plaça del Palau
Av. Marquès de l'Argentera
Estació de França
Marquesa
Passeig de Colom
Cap de Barcelona
Barceloneta
Moll de la Fusta
Moll de Dipòsit
Moll d'Espanya
Port Vell
IMAX
L'Aquàrium de Barcelona
Moll de la Barceloneta
Destaque
Banys Vells
Montcada
Miralles
Mosques
Argenteria
Sombrerers
Pg. Born
Plaça Santa Maria
Fossar de les Moreres
Espaseria
Espartería
5 9 10 11 12 13 16 17 18 19 20 21 22 23 24 25 26 27 28 29 30 31 32 33 34 35

Compras

Antiguidades e obras de arte

★ Bulevar dels Antiquaris
L'EIXAMPLE Este conjunto reúne cerca de 70 lojas de objetos de arte e peças antigas. Os horários de funcionamento dependem de cada comerciante e variam muito. *Pg. de Gràcia 55. ☎ 93-215-44-99. www.bulevardelsanitquaris.com. Metrô: Passeig de Gràcia. Mapa pág. 73.*

★ Heritage BARRI GÒTIC Loja impressionante, com roupas antigas, joias e xales espanhóis. Vale a pena se esforçar para entrar aqui e vasculhar as preciosidades sob o olhar vigilante do dono. *c/ Banys Nous 14. ☎ 93-317-85-15. MC, V. Metrô: Jaume I. Mapa pág. 74.*

★★ L' Arca de l'Avia BARRI GÒTIC Tudo aqui é antigo, de rendas e cortinas a lenços e tecidos produzidos no final do século 19. Algumas peças que fizeram parte do figurino do filme *Titanic* foram compradas nesta loja. *c/ Banys Nous 20. ☎ 93-302-15-98. www.larcadelavia.com. MC, V. Metrô: Liceu. Mapa pág. 74.*

Tesouros da loja Heritage.

★★ Sala d'Art Artur Ramón
BARRI GÒTIC Referência entre os colecionadores de arte, esta antiga galeria administrada por uma família se destaca pelas pinturas, esculturas, gravuras e peças decorativas dos séculos 19 e 20. *c/ de la Palla 23. ☎ 93-302-59-70. AE, DC, MC, V. Metrô: Jaume I. Mapa pág. 74.*

Livros

★ Buffet y Ambigú LA RAMBLA
Nos fundos do mercado La Boquería funciona esta pequena livraria que oferece livros dos grandes *chefs* espanhóis (inclusive edições em outros idiomas). *Mercat de la Boquería, La Rambla 91, parada 437. ☎ 93-317-13-36. MC, V. Metrô: Liceu. Mapa pág. 74.*

Casa del Llibre L'EIXAMPLE
Outro lugar indicado para quem procura livros de culinária espanhola, em espanhol ou outras línguas. *Pg. de Gràcia 62. ☎ 93-272-34-80. MC, V. Metrô: Passeig de Gràcia. Mapa pág. 73.*

★★ LAIE L'EIXAMPLE Com um café e boa oferta de livros, como obras de literatura, guias e mapas, a LAIE é disputada por moradores estrangeiros. *c/ Pau Claris 85. ☎ 93-318-1739. MC, V. Metrô: Catalunya ou Urquinaona. Mapa pág. 73.*

Cerâmica

1748 Artesana i Coses EL BORN
Perto do Museu Picasso, esta renomada loja de cerâmica oferece peças produzidas em várias partes da Espanha e de Portugal. *Placeta de Montcada 2. ☎ 93-319-54-13. AE, MC, V. Metrô: Jaume I. Mapa pág. 74.*

★ **Itaca** BARRI GÒTIC O difícil é escolher entre as peças produzidas na Espanha, em Portugal, no México e no Marrocos. Artigos simples mas bem confeccionados, além de diversos objetos cobertos de mosaicos, bem ao estilo Gaudí. *c/ Ferran 26. ☎ 93-301-30-44. MC, V Metrô: Liceu. Mapa pág. 74.*

Cosméticos

★★ **La Galería de Santa Maria Novella** LA RIBERA Trata-se do endereço em Barcelona da famosa loja de Florença, considerada a mais antiga do mundo. Perfumes e sabonetes incríveis e embalagens que parecem saídas do passado. *c/ Espasería 4-8. ☎ 93-268-02-37. MC, V. Metrô: Jaume I ou Barceloneta. Mapa pág. 74.*

★ **Regia** L'EIXAMPLE Muitos clientes vêm a esta loja em busca de uma experiência: a visita gratuita ao museu daqui, que reúne cerca de 5 mil frascos de perfume. Um dos destaques é o frasco criado por Salvador Dalí. *Pg. de Gràcia 39. ☎ 93-216-01-21. AE, MC, V. Metrô: Passeig de Gràcia. Mapa pág. 73.*

Peças de cerâmica, como as da loja 1748 Artesana i Coses, são ótimos presentes.

Lojas de departamento/ Shopping centers

El Corte Inglés PLAÇA DE CATALUNYA A maior rede de lojas de departamentos do país vende de garrafas de vinho a móveis. Oferece um restaurante, agência de viagens e, na filial da Plaça de Catalunya, um supermercado. *Plaça de Catalunya 14. ☎ 93-306-38-00. AE, DC,*

Onde comprar

O elegante **Passeig de Gràcia** abriga algumas das vitrines mais badaladas e caras da Espanha. **La Rambla de Catalunya**, paralela ao Passeig de Gràcia, pode ser descrita como um shopping center de luxo a céu aberto. As ruas transversais também encantam os compradores, em especial a València, Provença e Consell de Cent, esta última conhecida por suas galerias de arte. A ampla **Diagonal** é o destino para quem procura móveis sofisticados ou lojas *fashion*. Na **Ciutat Vella**, as ruas Portal d'Angel, Portaferrisa e Ferrán estão ocupadas por lojas de moda jovem, enquanto as pequenas butiques e o varejo mais "descolado" espalham-se por **El Born**, pelo **Barri Gòtic** e, nos últimos tempos, também pela região do outrora malvisto **El Raval**. Quem procura antiquários deve explorar o labirinto de ruas próximas ao Carrer de la Palla, Banys Nous e à Plaça del Pi, no **Barri Gòtic.**

Shopping center Maremàgnum.

MC, V. www.elcorteingles.es. Metrô: Catalunya. Mapa pág. 73.

El Triangle PLAÇA DE CATALUNYA Esta imensa construção ocupa ampla área da Plaça de Catalunya, bem no início da Rambla. Pode ser conveniente para quem procura lojas como Sephora, FNAC, Camper, e Habitat. *c/ Pelai 39. ☎ 93-318-01-08. Metrô: Plaça de Catalunya. Mapa pág. 73.*

Maremàgnum BEIRA-MAR Este shopping center está instalado na região do antigo porto, próximo ao L'Aquàrium. Agrada a toda a família, pois oferece de lojas de brinquedos a butiques sofisticadas. *Moll d'Espanya 5. ☎ 93-225-81-00. Metrô: Drassanes. Mapa pág. 74.*

Móveis e artigos para casa

Dom L'EIXAMPLE Com oferta de artigos variados e ecléticos (em geral, a preços razoáveis), esta loja vende as últimas tendências. Entre os itens para casa, cortinas de contas, brinquedos, luminárias e utensílios para a cozinha. *c/ Consell de Cent 248. ☎ 93-452-17-68. MC, V. Metrô: Pg. de Gràcia. Outro endereço: Avinyó, 7 (☎ 93-342-55-91; Metrô: Jaume I). Mapa pág. 73.*

★ **Ici Et Là** LA RIBERA Esta loja é um retrato da vocação da capital catalã para o design. É possível encontrar peças limitadas assinadas por criadores famosos ou itens mais acessíveis, como cestas trazidas da África ou tecidos indianos. *Plaça de Sant Maria 2. ☎ 93-268-11-67. MC, V. Metrô: Jaume I ou Barceloneta. Mapa pág. 74.*

★★★ **Vinçón** L'EIXAMPLE Templo de peças de design assinadas por Fernando Amat, a Vinçón oferece mais de 10 mil itens, de artigos para casa aos objetos mais sofisticados da criação espanhola e catalã. Está instalada na casa onde morou o pintor modernista Ramón Casas. O conteúdo da única vitrine já é motivo de comentários. *Pg. de Gràcia 96. ☎ 93-215-60-50. AE, MC, V. Metrô: Diagonal ou Passeig de Gràcia. Mapa pág. 73.*

Moda e acessórios

★★ **Antonio Miró** L'EIXAMPLE O talento do criador catalão mostrado com elegância e toque retrô. Roupas femininas e masculinas, incluindo linha de jeans a preços razoáveis. *c/ Consell de Cent 349. ☎ 93-487-06-70. AE, MC, V. Metrô: Passeig de Gràcia. Mapa pág. 73.*

★ **Agatha Ruiz de la Prada** L'EIXAMPLE As peças animadas,

A marca Antonio Miró oferece elegantes peças masculinas e femininas.

vibrantes e um pouco infantis desta criadora madrilenha fazem muito sucesso, tanto que a estilista agora tem lojas em Paris, Milão e Nova York. *c/ Consell de Cent 314-316.* ☎ *93-215-52-88. AE, MC, V. Metrô: Passeig de Gràcia. Mapa pág. 73.*

Custo-Barcelona LA RIBERA As saias, calças e blusas da Custo têm como destaque os motivos coloridos e o ar retrô. Usadas por estrelas de Hollywood e com presença nas publicações de moda, as peças não custam pouco, mas têm personalidade. *Plaça de les Olles 6.* ☎ *93-268-78-93. MC, V. Metrô: Jaume I ou Barceloneta. Mapa pág. 74. Loja também c/ Ferran 36 (☎ 93-342-66-98; Metrô: Jaume I).*

★★ **Etxart & Panno** EL BORN Criações ousadas para mulheres com coragem e dinheiro no bolso, as peças daqui podem ser apreciadas na simpática loja do bairro El Born. *Pg. del Born 14.* ☎ *93-310-37-24. MC, V. Metrô: Jaume I ou Barceloneta. Mapa pág. 74.*

★★ **Giménez & Zuazo** EL RAVAL Roupas divertidas e modernas, com estampas audaciosas, tecidos especiais e acabamentos inusitados, que representam bem a vocação *fashion* de Barcelona. *c/ Elisabets 20.* ☎ *93-412-33-81. AE, MC, V. Metrô: Plaça de Catalunya ou Liceu. Mapa pág. 74. Loja também c/ Rec 42, El Born.*

★★ **Jocomomola de Sybilla** EL BORN As peças vistosas e descontraídas desta criadora madrilenha têm inspiração retrô e parecem saídas diretamente do guarda-roupa da protagonista do filme *O Fabuloso Destino de Amélie Poulain*. *c/ Vigatans 6.* ☎ *93-310-66-66. AE, MC, V. Metrô: Jaume I. Mapa pág. 74.*

★★★ **Josep Font** L'EIXAMPLE Este original estilista catalão, dono

Custo-Barcelona.

desta loja com toques modernistas, assina roupas femininas cuja elegância sobrevive às estações. Font tem queda especial pelos materiais luxuosos. *c/ Provença 30.* ☎ *93-487-21-10. MC, V. Metrô: Passeig de Gràcia. Mapa pág. 73.*

★★★ **Natalie Capell Atelier de Moda** EL BORN Feitas à mão, as criações femininas de Natalie Capell são expostas nesta loja de pouca luminosidade, que mais parece um camarim de teatro. *Carassa 2* ☎ *93-319-92-19. MC, V. Metrô: Jaume I. Mapa pág. 74.*

★ **Rafa Teja Atelier** EL BORN Lindos e coloridos xales e echarpes feitos na Ásia e na Espanha, além de peças bordadas e tecidos maravilhosos. *Sta. María 18.* ☎ *93-310-27-85. MC, V. Metrô: Jaume I ou Barceloneta. Mapa pág. 74.*

Verd Poma LA RIBERA Se você gostou dos artigos que viu na Custo-Barcelona, mas achou os preços exorbitantes, este endereço poderá agradar. *c/ Princesa 5.* ☎ *93-319-01-01. MC, V. Metrô: Jaume I. Mapa pág. 74.*

Zara BARRI GÒTIC Presente em toda a cidade, oferece roupas masculinas, femininas e infantis (e agora também artigos para o lar) a preços acessíveis. Quando se trata de itens de varejo, é difícil encontrar ofertas melhores. *c/ Pelayo 58. ☎ 93-301-09-78. Metrô: Plaça de Catalunya. Vários endereços, como Pg. de Gràcia 16. ☎ 93-318-76-75; Metrô: Passeig de Gràcia. Mapa pág. 73.*

Lojas para *gourmets*

★ **Cacao Sampaka** L'EIXAMPLE Uma "casa de criação" em chocolate, com produtos organizados em "coleções". Aproveite o bar/café daqui para saborear chocolate quente, doces ou sanduíches. *c/ Consell de Cent 292. ☎ 93-272-08-33. AE, DC, MC, V. Metrô: Passeig de Gràcia. Mapa pág. 73.*

★★ **Caelum** BARRI GÒTIC Religiosas preparam os artigos à venda aqui (de geleias e compotas de frutas a biscoitos e licores), tudo em embalagens celestiais. No café do andar inferior estão os vestígios de antigas termas judaicas. *c/ de la Palla 8. ☎ 93-302-69-93. MC, V. Metrô: Jaume I. Mapa pág. 74.*

★★★ **Colmado Quílez** L'EIXAMPLE Armazém ao estilo antigo, encanta quem procura queijos, produtos enlatados e bons vinhos. *Rambla de Catalunya, 63. ☎ 93-215-23-56. MC, V. Metrô: Passeig de Gràcia. Mapa pág. 73.*

Demasié LA RIBERA Esta loja de biscoitos nada tradicional serve doces saborosos, às vezes preparados com ingredientes incomuns, como chá, roquefort e nozes, mostarda e curry. *c/ Princesa 28. ☎ 93-310-42-95. MC, V. Metrô: Jaume I ou Barceloneta. Mapa pág. 74.*

★★★ **E & A Gispert** LA RIBERA Basta seguir o aroma para chegar a esta casa com mais de um século de existência. Aqui o café e as nozes são torrados diariamente. Vende frutas secas, azeitonas e outras delícias. *c/ dels Sombrerers 23. ☎ 93-319-75-35. MC, V. Metrô: Jaume I. Mapa pág. 74.*

★★ **Origen 99,9%** LA RIBERA Este estabelecimento inclui um restaurante de um lado e, do outro, vende produtos tradicionais da região. Ideal para quem quer conhecer o que a Catalunha produz de melhor. *c/ Vidrería 6-8. ☎ 93-310-75-31. MC, V. Metrô: Jaume I ou Barceloneta. Mapa pág. 74.*

★ **Tot Formatge** EL BORN Os amantes de queijo ficam apaixonados por esta loja, que oferece uma incrível variedade de produtos. *Pg. de born 13. ☎ 93-319-53-75. MC, V. Metro: Jaume I ou Barceloneta. Mapa pág. 74.*

★★★ **Vila Viniteca** LA RIBERA A melhor casa de vinhos da cidade surgiu como loja de alimentos em 1932. Quem aprecia vinhos espanhóis se sente no paraíso: além dos quase 4 mil rótulos à venda, a loja oferece também rótulos de safras raras, alguns impossíveis de se encontrar fora da Espanha. *c/ Agullers 7. ☎ 902-32-77-77. AE, MC, V. Metrô: Jaume I ou Barceloneta. Mapa pág. 74.*

Quem passa pela degustação na Vila Viniteca, em geral, compra uma garrafa.

Presentes

★ **BCN Original Shops** BARRI GÒTIC Para quem procura suvenires com a cara de Barcelona: livros de arte e arquitetura, canecas, cerâmicas, bijuterias, camisetas, agendas etc. ***Citutat 2. ☎ 93-270-24-29. AE, MC, V. Metrô: Jaume I. Mapa pág. 74.***

★ **Beardsley** BARRI GÒTIC Esta loja típica de Barcelona vende graciosos itens para a casa, como velas, cristais, luminárias e artigos de papelaria. ***c/ Petritxol 12. ☎ 93-301-05-76. AE, MC, V. Metrô: Liceu ou Jaume I. Mapa pág. 74.***

★ **Ivo & Co.** EL BORN Simpáticos artigos para cozinha, velas, livros e peças para o lar em loja com ambiente retrô. ***c/ Rec 20 baixos. ☎ 93-268-33-31. MC, V. Metrô: Arc de Triomf. Mapa pág. 74.***

★★ **Kukuxumusu** LA RIBERA Nem tente pronunciar o nome desta loja, que surgiu em Navarra e hoje está presente em toda a Espanha. Apenas venha apreciar as criativas camisetas e os acessórios à venda: com olhar bem-humorado para as tradições do país, constituem um ótimo presente. ***L'Argenteria 69. ☎ 93-310-36-47. AE, MC, V. Metrô: Jaume I. Mapa pág. 74.***

★★ **Vaho Works** EL BORN Este divertido fabricante se inspira nos pôsteres e anúncios espalhados pela cidade (em geral, propagandas de atrações culturais ou cartazes políticos) para confeccionar bolsas e carteiras divertidas. Uma lembrança peculiar de Barcelona ou um presente especial. ***c/ Cotoners 8. ☎ 93-310-66-66. AE, MC, V. Metrô: Jaume I. Mapa pág. 74.***

Joias

★★ **Forvm Ferlandina** PLAÇA DE CATALUNYA Com cara de galeria, a loja exibe as criações únicas de

Anéis à venda na Platamundi.

vários designers contemporâneos. ***c/ Ferlandia 31. ☎ 93-441-80-18. AE, DC, MC, V. Metrô: Liceu e Catalunya. Mapa pág. 74.***

Platamundi LA RIBERA Esta pequena rede de lojas tem preços razoáveis e oferece peças de prata assinadas por criadores locais e internacionais. ***c/ Montcada 11. ☎ 93-317-13-89. MC, V. Metrô: Jaume I. Outras lojas: Plaça Santa María 7 (Metrô: Jaume I) e Portaferrisa 22 (Metrô: Liceu). Mapa pág. 74.***

Artigos de couro

★★ **Loewe** L'EIXAMPLE A famosa rede de artigos de couro ocupa o térreo de uma construção modernista em pleno Passeig de Gràcia. Chique e bem cara, é frequentada pela elite da cidade. As linhas de roupas chegaram para equiparar-se em qualidade e preços. ***Pg. de Gràcia 35. ☎ 93-216-04-00. AE, DC, MC, V. Metrô: Passeig de Gràcia. Mapa pág. 73.***

★★★ **Lupo Barcelona** L'EIXAMPLE Mais jovial e badalada do que a Loewe, é hoje o grande nome do mundo das peças de couro. Bolsas

A Sombrerería Obach, uma chapelaria à moda antiga.

e cintos com formas inusitadas, em geral em cores nada convencionais. *c/ Mallorca 257, bajos.* ☎ *93-487-80-50. AE, DC, MC, V. Metrô: Pg. de Gràcia. Mapa pág. 73.*

Música

Discos Castelló EL RAVAL Com três endereços em uma única rua, forma um corredor de vitrines dedicadas à música (inclusive discos de vinil). A principal fica no número 7 e oferece sobretudo pop rock. Ao lado, discos de jazz, música espanhola e world music. *c/ Calle Tallers.* ☎ *93-318-20-41. MC, V. Metrô: Plaça de Catalunya. Mapa pág 74.*

Calçado da marca Camper.

FNAC PLAÇA DE CATALUNYA Impressiona pela oferta. Bom lugar para achar discos de música espanhola e de flamenco. *Plaça de Catalunya 4.* ☎ *93-344-18-00. AE, DC, V. Metrô: Plaça de Catalunya. Mapa pág. 73.*

Lojas ao estilo antigo

★★ **Cereria Subira** BARRI GÒTIC Uma das lojas mais antigas da cidade, oferece de velas próprias para missas a modelos com personagens famosos. *Baixada de Llibreteria 7.* ☎ *93-315-26-06. MC, V. Metrô: Jaume I. Mapa pág. 74.*

★ **Ganiveteria Roca** BARRI GÒTIC Tudo aqui tem ponta afiada: facas, canivetes, lâminas, tesouras e outros artigos afins. *Plaça del Pi 3.* ☎ *93-302-12-41. AE, MC, V. Metrô: Jaume I. Mapa pág. 74.*

★★ **Herbolisteria del Rei** EL RAVAL Desde 1823, vende produtos baseados em ervas, de chás a cosméticos. O ambiente da loja já vale uma visita. *c/ del Vidre 1.* ☎ *93-318-05-12. MC, V. Metrô: Plaça de Catalunya ou Liceu. Mapa pág. 74.*

★ **Sombrerería Obach** BARRI GÒTIC Orgulhosamente *demodé*, esta loja instalada no antigo bairro judaico vende chapéus – e só. Bom para comprar as tradicionais boinas. *c/ del Call 2.* ☎ *93-318-40-94. MC, V. Metrô: Jaume I. Mapa pág. 74.*

Sapatos

★★ **Camper** EL RAVAL Surgida em Maiorca, produz sapatos que ganharam fama em todo o mundo. Aqui é possível encontrar a última coleção, em geral destacada pelas cores animadas e formas curiosas. O interior da loja também tem personalidade. *Plaça dels Àngels 4.* ☎ *93-342-41-41. AE, DISC, MC, V. Metrô: Universitat. Mapa pág. 74.*

★ **Casas** BARRI GÒTIC Praticamente um shopping center do calçado, aqui o visitante encontra várias marcas espanholas e cobiçados pares italianos. *Portal de l'Angel, 40.* ☎ *93-302-11-12. AE, MC, V. Metrô: Catalunya ou Liceu. Mapa pág. 74.*

5 Atividades ao ar livre

Montjuïc

Maior área verde de Barcelona, esta colina com vistas para a cidade e o Mediterrâneo é disputada pelos moradores, que fazem daqui uma área de lazer, sobretudo nos finais de semana. Ocupada inicialmente pelos celtas e depois utilizada pelos romanos como local de cerimônias, Montjuïc ainda hoje é sede preferencial das grandes celebrações da cidade, como a Exposição Universal de 1929 e a Olimpíada de 1992. Para conhecer melhor as atrações de Montjuïc, ver "O Melhor de Barcelona em Três Dias," na pág 19.

INÍCIO: **Teleférico ou bondinho para Montjuïc.**

1 ★ Transbordador Aèri. A melhor maneira de chegar à área verde de Montjuïc é "sobrevoando" a cidade no teleférico que parte da região do porto e sobe a colina. O desembarque é em meio às árvores do jardim **Costa i Llobera**. *Ver pág. 43, item 4.*

Página anterior:* *passeio de pedalinho pelo lago do Parc de la Ciutadella.

2 Castell de Montjuïc. Cruze a Plaça de la Sardana (com uma escultura de um grupo que apresenta a tradicional dança catalã), pelos jardins de Miramar e Mirador até o Parc de Montjuïc. Suba até o **Mirador de l'Alcalde**, ponto de observação que permite apreciar o mar. Logo abaixo está o *castell*, fortaleza construída no século 18

Fortaleza de Montjuïc.

para defender a cidade. A área externa é aberta à visitação e dentro funciona um museu militar. As vistas para o mar, porém, são a grande atração daqui. *Parc de Montjuïc s/n. ☎ 93-239-86-13.*

3 ★ **Jardí Botànic.** Os jardins botânicos de Barcelona, inaugurados em 1930, foram reformados e reabertos em 1999, com uma configuração nova e moderna. Aqui pode-se contemplar espécies vegetais de todo o planeta, inclusive plantas trazidas da África, da Austrália, da Califórnia, das Ilhas Canárias e do Chile. As 71 alas são conectadas por vias e passarelas que percorrem lagos. *Dr. Font i Quer s/n (Parc de Montjuïc). ☎ 93-426-49-35. Out-mar: diariam. 10h-17h; abr, mai e set: seg-sex 10h-18h, sáb-dom 10h-20h; jun-ago: diariam. 10h-20h. Ingressos €3, idosos e estudantes €1,50; grátis para menores de €16 e no útimo domingo do mês.*

4 **La Font de Gat.** Seguindo o caminho que sai da Fundació Miró (pág. 20, item 5) chega-se a este café modernista cercado por jardins. Trata-se de um simpático local a céu aberto para descansar e pedir um dos pratos a preço fixo servidos no almoço. *Passeig de Sta. Madrona 28. ☎ 93-289-04-04. $*

5 **Jardins del Claustre.** Os jardins do claustro constituem um dos locais mais bonitos de Montjuïc, com seu lago cercado de árvores, a pérgola e as esculturas do artista catalão Antoni Alsina, criadas para a Exposição Universal de 1929.

6 **Teatre Grec.** Esta réplica de teatro grego, construída para a Exposição Universal de 1929, sedia espetáculos de música e de dança a céu aberto. É um importante palco do **Festival Grec**, animado evento de música e arte promovido no verão. *Passeig de Sta. Madrona 36. ☎ 93-413-24-00.*

7 ★ **Font Màgica.** As águas dançam acompanhando o ritmo da música, sob iluminação especial. Fica em frente ao Palau Nacional. *Ver pág. 54, item 8.*

Font Màgica.

Parc de la Ciutadella

Em uma cidade com poucas áreas verdes, este parque ocupa nada menos de 300 mil m², entre a cidade antiga e a orla. O Parc de la Ciutadella atrai visitantes do zoológico, que se encantam com a bela fonte com cascatas, o lago, as esculturas, os monumentos, os amplos passeios e as trilhas arborizadas onde se vê gente caminhando ou andando de bicicleta. O parque tem história peculiar: após o fim da Guerra de Sucessão Espanhola, em 1714, o rei Filipe V mandou erguer aqui uma cidadela, que chegou a funcionar como prisão para os adversários políticos. A construção foi derrubada em 1872 para dar lugar ao parque, que sediou a Exposição Universal de 1888. Este oásis verde abre todos os dias, do amanhecer ao pôr do sol. INÍCIO: **Arc de Triomf.**

1 ★ **Arc de Triomf.** A entrada do Parc de la Ciutadella é o imponente arco construído em pedras avermelhadas em 1888. A ampla avenida Passeig de Lluís Campanys, cercada de palmeiras e enfeitada com postes de ferro, leva até o parque. *Pg. de Lluís Campanys, s/n.*

2 **Museus de Zoologia i Geologia.** O Museu de Zoologia está instalado em uma construção

de tijolo e clara influência mourisca (também chamado de "castelo dos três dragões"). O autor do projeto é Domènech i Montaner, que criou o local para a Exposição Universal de 1888. Ao lado funciona o Museu de Geologia, erguido em 1878. ***Pg. de Picasso s/n, Parc de la Ciutadella.*** ☎ *93-319-69-12.*

3 **L'Hivernacle/L'Umbracle.** L´Hivernacle, instalada entre os dois museus, é uma estufa de ferro e vidro projetada em 1884. Alguns concertos são realizados aqui. Do outro lado do Museu de Geologia está o L´Umbracle, que abriga plantas tropicais e elegantes palmeiras.

4 **Passeig dels Til.lers.** Na ponta sul desta larga avenida fica a estátua equestre do General Prim, que mandou destruir a antiga fortaleza. A estátua original foi derretida na Guerra Civil. Em 1940, o local recebeu um novo exemplar, criado pelo escultor Frederic Marès.

5 ★ **Fonte Cascada.** Esta impressionante fonte trabalhada, que retrata a carruagem da Aurora, é obra de Josep Fontserè, mas exibe traços da contribuição dada pelo aprendiz do artista, Antoni Gaudí, na época apenas um estudante. Gaudí foi o responsável pelos postes de iluminação e por outros detalhes.

Urso do Parc Zoològic.

6 **Lago.** No centro do parque há um lago cercado por árvores, que pode ser explorado a bordo de um pedalinho.

7 **Parlament de Catalunya.** Sede do parlamento regional desde 1932, esta construção grandiosa, que já foi o arsenal da cidadela, fica em frente à escultura modernista *El Desconsol*, de Josep Llimona.

8 ★★ **Parc Zoològic.** O zoológico de Barcelona, instalado no Parc de la Ciutadella desde 1892, ocupa quase a metade do parque. Exibe cerca de 4 mil animais, mantidos em áreas isoladas por fossos em vez de jaulas. ***Ver pág. 52, item*** 3.

O Arc de Triomf marca a entrada do Parc de la Ciutadella.

Beira-mar

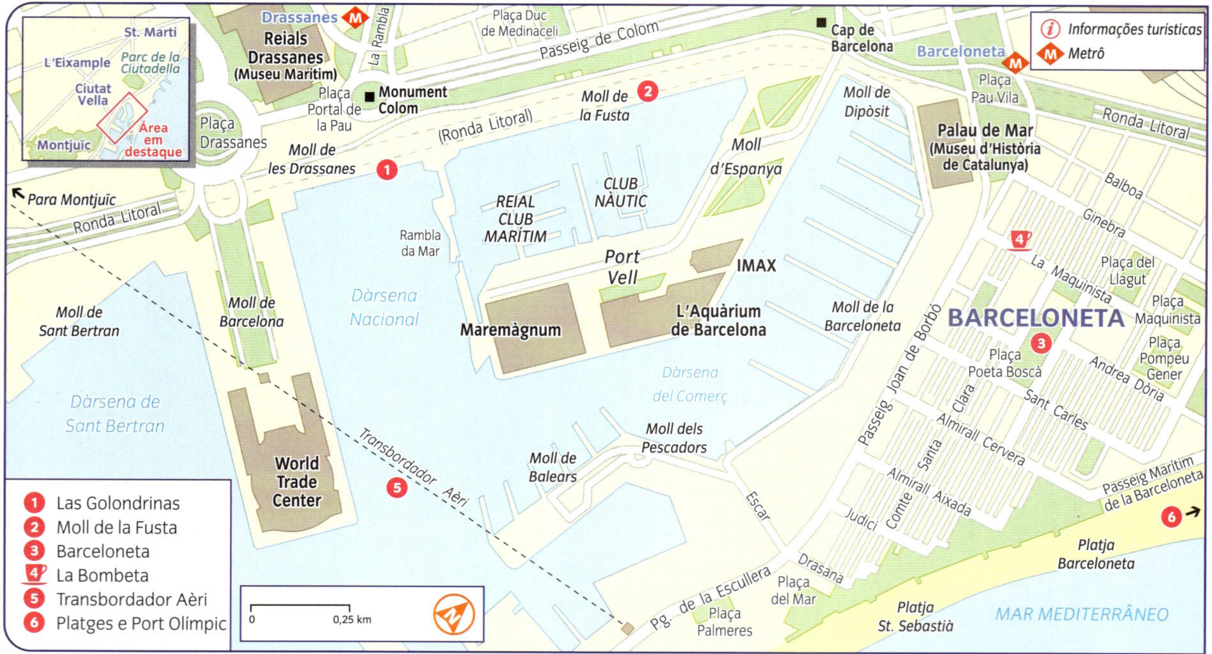
Informações turísticas
Metrô
St. Martí
L'Eixample
Parc de la Ciutadella
Ciutat Vella
Montjuïc
Área em destaque
Drassanes
Reials Drassanes (Museu Marítim)
La Rambla
Plaça Duc de Medinaceli
Passeig de Colom
Cap de Barcelona
Barceloneta
Plaça Pau Vila
Ronda Litoral
Plaça Portal de la Pau
Monument Colom
Plaça Drassanes
Moll de la Fusta
(Ronda Litoral)
Moll de les Drassanes
Moll de Dipòsit
Palau de Mar (Museu d'Història de Catalunya)
Balboa
Ginebra
Moll d'Espanya
CLUB NÀUTIC
REIAL CLUB MARÍTIM
Rambla da Mar
Para Montjuïc
Port Vell
IMAX
La Maquinista
Plaça del Llagut
Plaça Maquinista
BARCELONETA
Plaça Pompeu Gener
Moll de Sant Bertran
Moll de Barcelona
Dàrsena Nacional
Maremàgnum
L'Aquàrium de Barcelona
Moll de la Barceloneta
Passeig Joan de Borbó
Plaça Poeta Boscà
Andrea Dòria
Sant Carles
Clara
Almirall Cervera
Santa
Dàrsena del Comerç
Dàrsena de Sant Bertran
World Trade Center
Transbordador Aèri
Moll dels Pescadors
Moll de Balears
Almirall Aixada
Comte
Judici
Escar
Passeig Marítim de la Barceloneta
Platja Barceloneta
Drasana
Plaça del Mar
Pg. de la Escullera
Plaça Palmeres
Platja St. Sebastià
MAR MEDITERRÂNEO
0
0,25 km
1 Las Golondrinas
2 Moll de la Fusta
3 Barceloneta
4 La Bombeta
5 Transbordador Aèri
6 Platges e Port Olímpic

Durante boa parte do século 20, a degradada orla de Barcelona era evitada pela população. No embalo da realização da Olimpíada de 1992, o poder público empreendeu reformas em toda a região do antigo porto e criou novas áreas de lazer. Hoje, a região constitui um importante local de passeio e é essencial para a vida da cidade. INÍCIO: **Metrô até Drassanes.**

1 **Las Golondrinas.** Esses barcos de dois andares ficam ancorados na região do Mirador de Colom e fazem passeios de 35 minutos pela área do antigo porto. *Dias de semana 11h45-19h; sáb, dom e feriados 11h-18h. €5 adultos, €2,50 crianças entre 4 e 14 anos. Plaça Portal de la Pau s/n. ☎ 93-442-31-06; www.lasgolondrinas.com.*

2 **Moll de la Fusta.** O ancoradouro cercado de árvores, situado em frente ao Port Vell, estende-se das Golondrinas até a Barceloneta e costuma atrair moradores nos finais de semana. Na ponta leste, os destaques são as vistosas esculturas da lagosta gigante, de Mariscal, e da cabeça, de Lichtenstein.

3 ★ **Barceloneta.** Durante décadas, os pescadores da cidade e suas famílias viveram nesta simpática região próxima ao mar, totalmente reurbanizada em 1992. Alguns dos antigos restaurantes de frutos do mar, chamados *chiringuitos*, ainda funcionam aqui.

4 ★ **La Bombeta.** Este legítimo bar de *tapas* serve ótimos pescados e aperitivos, como mexilhões e lulas fritas. Peça um dos destaques da casa, as *patatas bravas* (batatas com molho picante). *c/ Maquinsta 3. ☎ 93-319-94-45. $–$$*

5 ★ **Transbordador Aèri.** O teleférico que liga o porto a Montjuïc parte do Passeig de Joan de Borbó, na Barceloneta. Faz uma parada no World Trade Center e "sobrevoa" a região da praia. *Ver pág. 43, item 4.*

6 ★★ **Platges e Port Olímpic.** As praias (*platges*) de Barcelona passaram por uma transformação incrível e hoje oferecem águas de boa qualidade, atraindo famílias, banhistas e praticantes de esportes. São repletas de esculturas, bares e restaurantes, além de vias especiais para caminhar ou pedalar. As praias são Barceloneta, Nova Icària, Bogatell e Mar Bella (área não oficial de nudismo). Nova Icària é a mais frequentada: melhor lugar para ver e ser visto, possui a maior oferta de bares e restaurantes. Bogatel e Mar Bella são mais bonitas e menos concorridas.
A marina de Port Olímpic, entre as duas primeiras, acomoda barcos de luxo e restaurantes da moda.

Praia de Barceloneta.

Barcelona de bicicleta

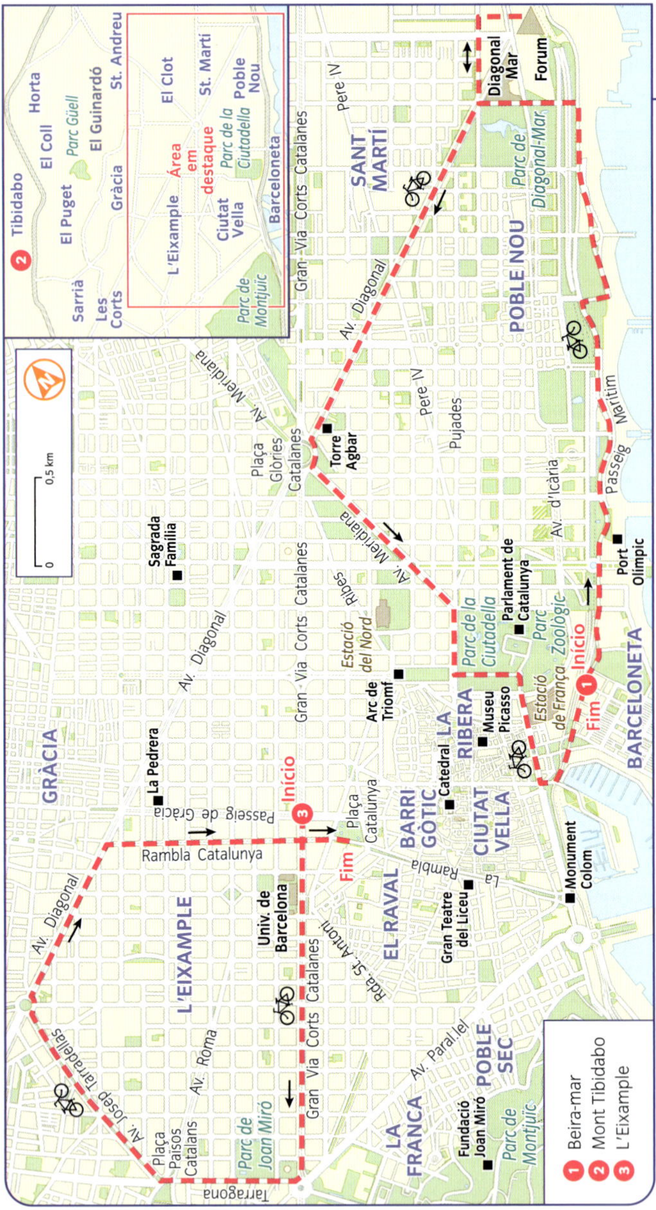

Embora a parte antiga da cidade e o bairro de L´Eixample não sejam convidativos para quem se desloca de bicicleta (há grande circulação de carros e motos nas ruas), muitas outras áreas permitem um agradável passeio sobre duas rodas. Os melhores lugares são a região beira-mar e o Tibidabo, ambos com ciclovias.

1 ★★ **Beira-mar.** Começando na Barceloneta, pegue o Passeig Marítim e siga para o nordeste acompanhando a praia, rumo a Port Olímpic e Vila Olímpica (onde é possível percorrer as amplas avenidas da antiga sede da Olimpíada). Continue pelas ciclovias que seguem pela orla (Nova Icària, Bogatell e Mar Bella, apreciada por nudistas). É possível chegar até o Fòrum Park. Para facilitar, volte para Barceloneta pelo mesmo trajeto ou ouse: pegue a Av. Diagonal até a Plaça de les Glòries e siga para o sul pela Av. Meridiana, que conduz ao Parc de la Ciutadella. No parque, aventure-se pelas ciclovias sem se preocupar com os carros. Barceloneta está bem perto daqui.

2 ★ **Mont Tibidabo.** Em meio às encostas do monte Tibidabo está a Carretera de les Aigües, uma trilha para bicicletas e caminhadas bas-

Ciclista na praia de Barceloneta.

Modernismo e L'Eixample

O movimento modernista, considerado um "primo" do estilo francês Art Nouveau e do Jugenstill (que floresceu na Alemanha e na Áustria), teve seu apogeu na Catalunha. Do final do século 19 a meados dos anos 1930, toda uma escola de arquitetos modernistas tomou conta de Barcelona, erguendo centenas de casas e edifícios públicos. Embora Gaudí e seus colegas tenham projetado muitas construções para outras localidades, o movimento encontrou sua maior expressão em uma área de cerca de dez quadras no bairro de L´Eixample (o nome significa "expansão", referência à ampliação da cidade rumo ao norte a partir do núcleo medieval original). Curiosamente, o modernismo prosperou em um bairro extremamente planejado, dando origem ao espaço que ficaria conhecido como o Quadrat d´Or (o nome é adequadíssimo).

Carretera de les Aigües, no Mont Tibidabo, ótimo local para pedalar.

tante apreciada pelos barceloneses nos finais de semana. Os 8 km de terra cortam fontes de água potável e oferecem ótimos locais para apreciar a cidade. O início da trilha fica a cerca de 1 km da Avinguda del Tibidabo; pegue o Tramvía Blau (ver pág. 21, item 8) e depois caminhe. Há um local para locação de bicicletas logo no começo da trilha.

3 **L'Eixample.** Embora boa parte da cidade esteja tomada pelo trânsito de automóveis, em algumas ruas é possível circular de bicicleta. A Avinguda Diagonal, a Gran Via de les Corts Catalanes e a Rambla de Catalunya podem funcionar como ciclovias não demarcadas. Passear por aqui sobre duas rodas é uma ótima maneira de apreciar a arquitetura modernista do bairro de L´Eixample (pág. 25). ●

Aspectos práticos

As ciclovias estão indicadas no mapa CicloBus Barcelona, distribuído nos centros de informação turística (Plaça de Catalunya 17, subsolo) e na maioria das lojas que alugam bicicletas. Em média, a locação custa €5 por hora ou entre €15 e €18 por dia.

Barcelona Bici: ☎ 93-285-38-32; com agências de locação na Plaça de Catalunya, Mirador de Colom e Pg. Joan de Borbó.

Un Cotxe Menys ("um carro a menos")/**Bike Tours Barcelona:** c/ Espaseria 3; ☎ 93-268-21-05; www.bicicletabarcelona.com; seg-sex 10h-14h; sáb 10h-19h; dom 10h-14h. Promove passeios ciclísticos guiados pela cidade antiga e pela região do porto (partidas sáb-dom 10h).

Classic Bikes Barcelona: c/ Tallers, 45; ☎ 93-317-19-70; www.barcelonarentbikes.com; diariam. 9h30-14h e 15h30-20h; organiza passeios ciclísticos guiados e oferece bicicletas holandesas.

Biciclot: Pg. Marítim 33; ☎ 93-221-97-78; www.biciclot.net; Diariam. 10h-19h.

Scenic: c/ Balboa 3; ☎ 93-319-28-35; www.scenicbcn.com; seg-sex 10h-20h. Além de alugar bicicletas, promove passeios diários pelo Barri Gòtic e pela beira-mar.

6 O melhor da **gastronomia**

Endereços de **destaque**

Comida típica catalã
★★ Agut d'Avignon $$$ *c/ Trinitat 3 (pág. 98)*

Melhores vinhos
★★ Àbac $$$$ *c/ del Rec 79 (pág. 98)*

Melhores sobremesas
★★ Espai Sucre $$ *c/ de la Princesa, 53 (pág. 102)*

Vale a pena esperar
★★★ Cal Pep $$ *Plaça des les Olles 8 (pág. 100)*

Comida com design
★★★ Moo $$$$ *c/ Rosselló 265 (pág. 104)*

Comida experimental
★★★ Àbac $$$$ *Rec 79-89 (pág. 98)*

Comfort food
★ Senyor Parellada $$ *c/ L'Argenteria 37 (pág. 105)*

Tapas com design
★★★ Comerç 24 $$$ *c/ Comerç 24 (pág. 101)*

Tapas tradicionais
★ Inopia $ *c/ Tamarit 104 (pág. 103)*

★ Taller de Tapas $ *Plaça Sant Josep Oriol 9 (pág. 106)*

À beira-mar
★★ Can Majó $$$ *c/ Almirall Aixada 23 (pág. 100)*

Frutos do mar
★★ Els Pescadors $$$ *Plaça Prim 1 (pág. 101)*

★★★ Botafumeiro $$$$ *Gran de Gràcia 81 (pág. 100)*

Página anterior: cardápio do Tapaç 24.

Refeição em família
★★ 7 Portes $$ *Pg. d'Isabel II 14 (pág. 105)*

Ambiente modernista
★★ Casa Calvet $$$ *c/ Casp 48 (pág. 101)*

Almoço a bom preço
★ Café de L'Academia $ *c/ Lledó 1 (pág. 100)*

Restaurante de hotel
★★★ Moo $$$$ Hotel Omm, *c/ Rosselló 265 (pág. 104)*

★★★ Lasarte $$$$ Hotel Condes de Barcelona, *c/ Mallorca 259 (pág. 103)*

Experiência gastronômica
★★ Cinc Sentits $$$ *c/ Aribau 58 (pág. 101)*

Cozinha autoral acessível
★★ Hisop $$ *Ptge. Marimón 9 (pág. 102)*

Restaurante-escola
★★ Hofmann $$$ *c/ L'Argenteria 74-78 (pág. 102)*

Porções gigantescas
★★ 7 Portes $$ *Pg. d'Isabel II 14 (pág. 105)*

Bistrô francês
★ La Dentellière $$ *c/ Ample 26 (pág. 103)*

Ao ar livre
★ Café de L'Academia $ *c/ Lledó 1 (pág. 100)*

Crianças impacientes
La Paradeta $$ *c/ Comercial 7 (pág. 103)*

L'Eixample

Casa Calvet 6
Cinc Sentits 4
El Japonés 1
Inopia 7
Lasarte 3
Moo 2
tapaç 24 5
0
0,25 km
Paris
Av. Diagonal
Plaça Rei Joan Carles I
Còrsega
Diagonal
Rosselló
Casa de les Punxes
Casa Milà (La Pedrera)
Passatje de la Concepción
Aribau
Balmes
Passeig de Gràcia
Provença
Passatje de Mercader
Rambla Catalunya
Enric Granados
Mallorca
Casa Thomas
Passatje de Domingo
Passatje dels Camps Elisis
Roger de Llúria
València
L'EIXAMPLE
Fundació Antoni Tàpies
Pau Claris
Plaça Dr. Letamendi
Aragó
Casa Batlló
Casa Amatller
Casa Lleó Morera
Passeig de Gràcia
Passatje de Méndez Vigo
Consell de Cent
Passatje de Permanyer
Torre d'Aigües
Diputació
Universitat de Barcelona
Gran Via Corts Catalanes
Plaça Universitat
Rda. de St. Antoni
Universitat
Pelai
Ronda Universitat
Pg. de Gràcia
Casp
Plaça Castella
Tallers
Bergara
Ronda St. Pere
Plaça Urquinaona
Urquinaona
Casa de la Caritat
Plaça Catalunya
Fontanella
Catalunya
Av. Portal de l'Àngel
Estruc
Moles
Via Laietana
Jonqueres
Ortigosa
La Rambla
Sta. Anna
Canuda
Área em destaque
L'Eixample
Parc de la Ciutadella
Ciutat Vella
Montjuïc
Informações turísticas
Metrô

Ciutat Vella e orla

Àbac **17**
Agua **25**
Agut d'Avignon **7**
Arola **27**
Bestial **26**
Café de L'Academia **11**
Cal Pep **16**
Can Costa **19**
Can Culleretes **5**
Can Majó **20**
Comerç 24 **21**
Els Pescadors **29**
Els Quatre Gats **1**
Espai Sucre **23**
Gente de Pasta **22**
Hofmann **12**
La Dentellière **9**
La Paradeta **24**
Les Quinze Nits **6**
Lonja de Tapas **15**
Los Caracoles **8**
Organic **3**
Pla **10**
Senyor Parellada **13**
7 Portes **14**
Sikkim **18**
Talaia Mar **28**
Taller de Tapas **4**
Umita **2**

Barrios Altos

Restaurantes

Horários

Os catalães costumam almoçar entre 14h e 16h e jantar após as 21h. A cozinha dos restaurantes em geral funciona até 23h30.

★★ **Àbac** LA RIBERA (EL BORN) *CATALÃO/INTERNACIONAL* Apreciado pelos adeptos da gastronomia, o Àbac é ousado. O cardápio do *chef* Xavier Pellicer, com ênfase nas cores e texturas dos alimentos, inova até flertar com os limites do experimentalismo. ***c/ del Rec 79. ☎ 93-319-66-00. Preços €25-38; menu degustação €85. AE, DC, MC, V. Almoço e jantar ter-sáb; seg só jantar. Fechado ago. Metrô: Jaume I ou Arc de Triomf. Mapa pág. 96.***

★ **Agua** ORLA (VILA OLÍMPICA) *MEDITERRÂNEO* Concorrido e com linda vista para a praia, o Agua é elogiado pelos pratos feitos com pescados frescos e ingredientes vegetarianos, além das criações à base de arroz. Ideal para famílias. ***Pg. Marítim de la Barceloneta, 30. ☎ 93-225-12-72. Preços €8-19. AE, DC, MC, V. Almoço e jantar diariam. Metrô: Ciutadella. Mapa pág. 96.***

★★ **Agut d'Avignon** BARRI GÒTIC *CATALÃO* Um clássico adorado pelos moradores graças à

Arola, instalado no Hotel Arts.

aposta nos tradicionais pratos catalães. Pode agradar quem quer conhecer a legítima *cuina catalana*, com pratos como pato com figos e lagostins preparados ao *ali-oli*. ***c/ Trinitat 3 (travessa da Avinyó 8). ☎ 93-302-60-34. Preços €19-44. MC, V. Almoço e jantar diariam. Fechado três últimas semanas de agosto. Metrô: Jaume Liceu. Mapa pág. 96.***

★★ **Arola** ORLA (VILA OLÍMPICA) *CATALÃO/ESPANHOL* Em meio a um ambiente colorido e animado, o Arola dá gosto adicional aos clássicos mediterrâneos. Entre as boas pedidas, mexilhões com açafrão e suco de limão, guarnecidos de croquetes de gorgonzola. ***Hotel Arts, Marina 19-21. ☎ 93-483-80-90. Preços €10-32; menu degustação €48. AE, DC, MC, V. Almoço e jantar ter-sáb; qua só almoço. Fechado em janeiro. Metrô: Ciutadella/Vila Olímpica. Mapa pág. 96.***

Bestial ORLA (VILA OLÍMPICA) *MEDITERRÂNEO/ITALIANO* Este local agradável e futurista é descontraído. Amplas janelas permitem apreciar a bela área externa e a praia. O cardápio mediterrâneo com toques italianos inclui massas, risotos e pizzas preparados com ingredientes frescos. ***c/ Ramón Trias Fargas 2-4 (Vila Olímpica). ☎ 93-224-04-07.***

A localização do Bestial é ótima para uma refeição em frente ao mar.

Preços €9-20. AE, DC, MC, V. Almoço e jantar diariam. Metrô: Ciutadella-Vila Olímpica. Mapa pág. 96.

★★★ Botafumeiro GRACIA *FRUTOS DO MAR* Entre os muitos restaurantes de frutos do mar da cidade, nenhum tem a mesma fama que este (até o rei da Espanha já comeu aqui). Boa parte dos pescados fresquíssimos chega diariamente da Galícia. O bar, especializado em mariscos, muitas vezes foi apontado como o melhor do país. ***Gran de Gràcia 81. ☎ 93-218-42-30. Preços €24-60. AE, DC, MC, V. Almoço e jantar diariam. Fechado três semanas de agosto. Metrô: Fontana ou Diagonal. Mapa pág. 98.***

★ Café de L'Academia BARRI GÒTIC *CATALÃO* Este restaurante com ar antigo situa-se em uma simpática praça. Em geral, lota na hora do almoço, graças ao ótimo menu a preço fixo. No calor, há mesas ao ar livre. Ideal para brindar ao charme do Barri Gòtic. ***c/ Lledó, 1. ☎ 93-315-00-26. Preços €10-16. AE, MC, V. Almoço e jantar seg-sex. Metrô: Jaume I. Mapa pág. 96.***

★★ Cal Pep LA RIBERA/ORLA *FRUTOS DO MAR* Este lugar minúsculo era segredo. Hoje, muita gente sabe que aqui se pode saborear alguns dos melhores pescados da cidade. O Cal Pep não aceita reservas e muitas vezes é preciso esperar um lugar no balcão. Também não há cardápio, mas Pep e seus garotos explicam o que há para comer. ***Plaça des les Olles 8. ☎ 93-310-79-61. Preços €14-20. AE, DC, MC, V. Jantar seg; almoço e jantar ter-sáb. Fechado agosto. Metrô: Barceloneta ou Jaume I. Mapa pág. 96.***

Prato inovador do Cinc Sentits.

★ Can Costa ORLA (BARCELONETA) *FRUTOS DO MAR* Desde a década de 1930 este é um dos restaurantes mais confiáveis da cidade. Ainda que sem vista para o mar, o frescor dos ingredientes compensa. Há quem afirme que as lulas grelhadas são incomparáveis, porém o *fideuà de peix*, similar à *paella* mas preparado com macarrão fininho em vez de arroz, também tem muitos admiradores. ***Passeig. de Joan de Borbón, 70. ☎ 93-221-59-03. Preços €16-35. AE, DC, MC, V. Almoço e jantar e seg-ter e qui-sáb; dom só almoço. Fechado quartas. Metrô: Barceloneta. Mapa pág. 96.***

Can Culleretes BARRI GÒTIC *CATALÃO* Restaurante mais antigo da cidade, prepara tradicionais pratos catalães desde 1786. Totalmente com ares de passado, é ideal para provar delícias regionais como as *espinacas a la catalana* (espinafre com pinholes e uvas) e a *butifarra* (linguiça branca). ***c/ Quintana 5. ☎ 93-317-64-85. Preços €8-16; menu a preço fixo €15. MC, V. Almoço e jantar ter-sáb, dom só almoço. Fechado agosto. Metrô: Liceu. Mapa pág. 96.***

★★ Can Majó ORLA (PORT VELL) *FRUTOS DO MAR* Os moradores sabem que este restaurante tipo taberna, situado na orla, é um dos melhores da cidade para saborear frutos do mar. Tente a excelente *sopa de pescado y marisco*, as lulas ou *paellas* da casa. *c/ Almirall Aixada, 23. ☎ 93-221-58-18. Preços €14-25. AE, DC, MC, V. Almoço e jantar ter-sáb; dom só almoço. Metrô: Barceloneta. Mapa pág. 96.*

★★ **Casa Calvet** L'EIXAMPLE *CATALÃO/MEDITERRÂNEO* O restaurante funciona em um dos primeiros edifícios modernistas criados por Gaudí na cidade. A arquitetura vale a visita, e a tradicional culinária catalã servida aqui não decepciona. *c/ Casp 48. ☎ 93-412-40-12. Preços €20-32; menu degustação €50. AE, DC, MC, V. Almoço e jantar seg-sáb. Fechado duas últimas semanas de agosto. Metrô: Passeig de Gràcia. Mapa pág. 95.*

★★ **Cinc Sentits** L'EIXAMPLE *MEDITERRÂNEO* Administrado por uma família, este restaurante de *haute cuisine* é uma síntese ímpar da nova cena gastronômica de Barcelona. O *chef* Jordi Artal prepara uma criativa cozinha *fusion*, que pode ser conferida no menu degustação. Entre as preferências, filé de peixe com "poeira" de bacon. *c/ Aribau 58. ☎ 93-323-94-90. Preços €14-32; menu degustação €40 e €55. AE, DC, MC, V. Almoço e jantar ter-sáb; seg. só almoço. Fechado na Páscoa e de 8 a 31 de agosto. Metrô: Passeig de Gràcia. Mapa pág. 95.*

Design minimalista do Comerç 24.

★★★ **Comerç 24** LA RIBERA (EL BORN) *CATALÃO/INTERNACIONAL* Os pratos do *chef* Carles Abellán são tão criativos que nem dá para chamar de *tapas*. As magníficas criações são ousadas versões dos clássicos catalães. *c/ Comerç 24. ☎ 93-319-21-02. Preços €11-25; menu degustação €48. AE, DC, MC, V. Almoço e jantar ter-sáb. Fechado no Natal e três semanas de agosto. Metrô: Jaume I. Mapa pág. 96.*

★ **El Japonés** L'EIXAMPLE *JAPONÊS* Escondido em uma viela de L' Eixample, este lugar é ideal para uma refeição rápida. No cardápio, robatas, sushis e tempuras. *Pje. de la Concepció 2. ☎ 93-487-25-92. Preços €8-22. AE, DC, MC, V. Almoço e jantar diariam. Metrô: Diagonal. Mapa pág. 95.*

★★ **Els Pescadors** ORLA (POBLE NOU) *FRUTOS DO MAR* Gerida por uma família, esta casa dedica-se a servir frutos do mar fresquíssimos, com toque inovador na forma de preparo. *Plaça Prim 1. ☎ 93-225-20-18. Preços €15-35. AE, DC, MC, V. Almoço e jantar diariam. Fechado na Páscoa. Metrô: Poble Nou. Mapa pág. 96.*

★ **Els Quatre Gats** BARRI GÒTIC *CATALÃO* Café que virou lenda na cidade. No início do século 20, recebia clientes como Picasso e outros artistas. Hoje faz parte do circuito turístico modernista, mas ainda permanece como bom lugar para provar um prato catalão simples e feito com ingredientes frescos. *c/ Montsió 3. ☎ 93-302-41-40. Preços €14-22; menu a preço fixo (almoço) €14. AE, DC, MC, V. Café da manhã, almoço e jantar diariam. Metrô: Plaça de Catalunya. Mapa pág. 96.*

★★ Espai Sucre LA RIBERA
DOCES Se Willy Wonka, personagem da *Fantástica Fábrica de Chocolates*, fosse dono de restaurante, este seria seu endereço. O local é minúsculo (o nome significa "espaço do açúcar") e serve apenas doces, mas os menus de degustação são um convite para o comensal jantar chocolate. ***c/ de la Princesa 53. ☎ 93-268-16-30. Preços €10-12; menu degustação €28-35. MC, V. Jantar, ter-sáb. Fechado meados de agosto e no Natal. Metrô: Arc de Triomf. Mapa pág. 96.***

★ Flash-Flash Tortillería
GRÀCIA *TORTILLAS/HAMBÚRGUER*
Com um ambiente que lembra a atmosfera dos anos 1970, este local é apreciado por clientes de todas as idades, mas sobretudo por quem viaja com crianças. Além de uma oferta de 70 tipos de *tortillas* (iguaria espanhola à base de ovos), o Flash-Flash serve bons hambúrgueres, filés e saladas. ***La Granada de Penedès 25. ☎ 93-237-09-90. Preços €9-25. AE, DC, MC, V. Almoço e jantar diariam. Metrô/FGC: Gràcia. Mapa pág. 98.***

Gente de Pasta LA RIBERA
ITALIANO Mais parecida com um depósito do que com uma *trattoria*, esta casa nada silenciosa oferece vários itens que costumam agradar as crianças, como risotos, massas básicas e saladas. ***Pg. de Picasso 10. ☎ 93-268-70-17. Preços €7-18. AE, MC, V. Almoço e jantar diariam. Metrô: Jaume 1 ou Barceloneta. Mapa pág. 96.***

★★ Hisop GRACIA *CATALÃO CONTEMPORÂNEO* O menos imponente dos restaurantes sofisticados que praticam a chamada *cocina de autor* em Barcelona. O Hisop é pequeno, acolhedor e dinâmico. Apesar de difícil de ser encontrado (fica escondido numa rua minúscula, próxima da Diagonal), vale a pena fazer uma visita a este refúgio e provar criações inventivas, como os mexilhões com figos e presunto tipo *Jabugo* (além das magníficas sobremesas). ***Ptge. Marimón 9. ☎ 93-141-32-33. Preços €21-29; menu degustação €48. AE, DC, MC, V. Almoço e jantar ter-sáb. Fechado duas últimas semanas de agosto. Metrô: Hospital Clinic. Mapa pág. 98.***

A parte interna do Flash-Flash é a mesma desde a abertura da casa, em 1970.

Saborosa sobremesa do Hofmann.

★★ **Hofmann** LA RIBERA *CATALÃO/FRANCÊS* Indicado pelo *Guia Michelin*, o Hofmann é associado a uma repeitada escola de culinária. Os pratos misturam as tradições catalã e francesa, como medalhão ao vinho tinto servido com *confit* de chalota e batata gratinada. ***c/ L'Argenteria 74-78. ☎ 93-319-58-89. Preços €16-€40; menu degustação €35. AE, DC, MC, V. Almoço e jantar seg-sex. Fechado agosto e Natal. Metro: Jaume I. Mapa pág. 96.***

★ **Inopia** L'EIXAMPLE (ESQUERRA) *TAPAS* Quando sabem que este local pertence ao irmão do lendário *chef* Ferran Adriá, as pessoas imaginam encontrar musses e espumas – mas a casa serve mesmo aperitivos espanhóis e catalães. Os mais comuns, como as *patatas bravas* (batatas com molho picante) ou as *croquetas de jamón ibérico* (croquetes de presunto), são muito saborosos. ***c/ Tamarit 104. ☎ 93-424-52-31. Tapas €3-9. MC,V. Jantar ter-sex, almoço e jantar sáb. Metrô: Poble Sec. Mapa pág. 95.***

★ **La Dentellière** BARRI GÒTIC *FRANCÊS* Restaurante acolhedor e rústico, com o tipo de charme natural que se encontra nos pequenos estabelecimentos do interior da França. Tente o *carpaccio* ou o filé com pistache, suco de limão, vinagrete e parmesão. Ou aposte na refeição de três pratos, com direito a uma sobremesa caseira. ***c/ Ample 26. ☎ 93-218-74-79. Preços €8-16. MC, V. Jantar ter-sáb. Metrô: Drassanes. Mapa pág. 96.***

La Paradeta LA RIBERA *FRUTOS DO MAR* Os clientes escolhem os frutos do mar direto dos tanques para o prato. As crianças adoram, e os pais podem complementar com um bom vinho. ***c/ Comercial 7. ☎ 93-268-19-39. Preços (por quilo) €12-20. Não aceita cartão. Jantar ter-sáb. Fechado 22 dez-22 jan. Metrô: Arc de Triomf. Mapa pág. 96.***

★★★ **Lasarte** L'EIXAMPLE *BASCO* Inaugurado em 2006 pelo estrelado *chef* Martín Berasategui, este local é um elegante templo minimalista da culinária de vanguarda. Se você jamais provou a *haute cuisine* basca, o menu degustação do Lasarte, caro mas excelente, é uma oportunidade de ouro. ***Hotel Condes de Barcelona, c/ Mallorca 259. ☎ 93-445-32-42. Preços***

Animação no restaurante Inopia.

€32-50. AE, DC, MC, V. Jantar diariam. Metrô: Passeig de Gràcia. Mapa pág. 95.

Les Quinze Nits LA RAMBLA/ BARRI GÒTIC *MEDITERRÂNEO* Este restaurante gracioso e com preços razoáveis, com algumas mesas sob as arcadas da Plaça Reial, atrai clientes em busca de uma refeição consistente que não custe fortunas. Os pratos, das culinárias mediterrânea e catalã, são simples e muito bem preparados. *Plaça Reial 6. ☎ 93-317-30-75. Preços €5-12. MC, V. Almoço e jantar diariam. Metrô: Liceu. Mapa pág 96.*

Lonja de Tapas BEIRA-MAR *TAPAS* Descontraído restaurante de aperitivos, costuma agradar quem não sabe muito bem o que quer comer. As *tapas* são de boa qualidade e vão do tradicional presunto espanhol a *paellas* e peixes. *Pla del Palau 7. ☎ 93-268-72-58. Tapas €3-20; menu degustação €26. AE, DC, MC, V. Almoço e jantar diariam. Metrô: Barceloneta ou Jaume I. Mapa pág 96.*

Los Caracoles BARRI GÒTIC *CATALÃO* Apreciado por turistas, é um tipo de estabelecimento que só existe na Espanha. Logo na entrada ficam os frangos assados e, ao fundo, um curioso labirinto de salas. No cardápio, pratos tradicionais catalães, como *arroz negre* (preparado com a tinta da lula), lula grelhada e, claro, frango assado. *c/ Escudellers 14. ☎ 93-302-31-85. Preços €8-28. AE, DC, MC, V. Almoço e jantar diariam. Metrô: Liceu ou Drassanes. Mapa pág 96.*

★★★ **Moo** L'EIXAMPLE *MEDITERRÂNEO MODERNO* Existem poucos lugares mais sofisticados do que o Hotel Omm, onde funciona este restaurante. Ele oferece a opção da meia porção – o que permite ao cliente criar o próprio *menú de degustación*. Se preferir, aposte na seleção de "Joan Roca", que inclui cinco pratos servidos com vinhos selecionados a dedo. As sobremesas são divinas. *c/ Rosselló 265. ☎ 93-445-40-00. Preços €18-30; cardápio no almoço €45; menu degustação (com vinho) €85. AE, DC, MC, V. Almoço e jantar diariam. Metrô: Diagonal. Mapa pág. 95.*

O badalado restaurante Moo.

★ **Oli e un Llum** SARRIÀ (BARRIOS ALTOS) *SANDUÍCHES/ TAPAS* Neste local descontraído e disputado pode-se saborear deliciosos *bocadillos* (sanduíches). Muitos têm um claro toque catalão. *c/ Bon Pastor 6 bis. ☎ 93-201-73-97. Preços €7-17. MC, V. Jantar diariam. Metrô/FGC: Gràcia. Mapa pág. 98.*

★ **Organic** RAVAL *VEGETARIANO* Os cardápios vegetarianos não são muito disseminados na cidade, mas este lugar agradável e com grandes mesas coletivas tem seu público. Há um sistema de self-service de sopas e saladas. Entre os pratos principais, pizzas e massas vegetarianas. *c/ Junta de Comerç 11. ☎ 93-301-09-02. Pratos principais €6-12. AE, DC, MC, V. Almoço e jantar diariam. Metrô: Liceu. Mapa pág. 96.*

★ **Pla** BARRI GÒTIC *MEDITERRÂNEO* Apreciado por turistas e moradores pelos pratos bem preparados a preços que não espantam, este restaurante serve excelentes *carpaccios*, saladas saborosas e pratos peculiares, como curry ao estilo tailandês ou cuscuz marroquino. ***c/ Bellafila 5. ☎ 93-412-65-52. Preços 7-17. DC, MC, V. Jantar diariam. Fechado 25–27 dez. Metrô: Jaume I. Mapa pág. 96.***

★ **Senyor Parellada** LA RIBERA *CATALÃO/MEDITERRÂNEO* Um dos locais de bom preço de Barcelona é este restaurante instalado numa casa antiga. Os ambientes coloridos estão sempre arrumados. No cardápio, autênticas delícias catalãs, como peixe assado ao molho de mostarda e alho. ***c/ L'Argenteria 37. ☎ 93-310- 50-94. Preços 8-21. AE, DC, MC, V. Almoço e jantar diariam. Metrô: Jaume I. Mapa pág. 96.***

★★ **7 Portes** BEIRA-MAR *CATALÃO* Desde 1836, este lugar elegante é concorrido cenário para comemorações. Como o nome indica, tem mesmo sete portas. Os destaques são os pratos à base de arroz, como a versão preparada em tinta de lula. Porções generosas e preços razoáveis. ***Pg. d'Isabel II 14. ☎ 93-319-30-33. Preços 18-35. AE, DC, MC, V. Almoço e jantar diariam. Metrô: Barceloneta ou Drassanes. Mapa pág. 96.***

Placa do Senyor Parellada.

Sikkim LA RIBERA *INDIANO/TURCO* Ambiente escuro, iluminado por velas e decorado com estátuas de Buda, é o contrário do minimalismo estético que tanto orgulha Barcelona. No cardápio, especialidades da Índia e da culinária turca, como carnes grelhadas e peixe com cuscuz. ***Plaça Comercial 1. ☎ 93-268-43-13. Preços 9-20. AE, DC, MC, V. Almoço e jantar diariam. Metrô: Arc de Triomf. Mapa pág. 96.***

Salão do 7 Portes, cenário recorrente de almoços e jantares de comemoração.

★★ **Talaia Mar** ORLA (PORT OLÍMPIC) *MEDITERRÂNEO* Há muitos restaurantes na região de Port Olímpic, mas este é o melhor. O criativo *chef* assina o cardápio baseado em frutos do mar, que oferece de clássicos como peixe grelhado a itens mais ousados, como crustáceos com *sorbet* de água marinha. ***Marina 16. ☎ 93-221-90-90. Preços €18-28; menu a preço fixo €55. AE, DC, MC, V. Almoço e jantar ter-sáb. Metrô: Ciutadella-Vila Olímpica. Mapa pág. 96.***

★ **Taller de Tapas** BARRI GÒTIC *TAPAS* Esta simpática "oficina de *tapas*" oferece tradicionais aperitivos preparados numa cozinha aberta. Há especialidades de toda a Espanha: anchovas marinadas, camarões com ovos mexidos e *chorizo* preparado com cidra. ***Plaça Sant Josep Oriol 9. ☎ 93-301-80-20. Tapas €3-11. AE, DC, MC, V. Almoço e jantar diariam. Metrô: Liceu. Outra unidade na c/ L'Argenteria 51. ☎ 93-268-85-5; Metrô: Jaume I; mapa pág. 96.***

★★ **Tapaç 24** L'EIXAMPLE *TAPAS* O ultrabadalado Comerç 24 serve *tapas* sofisticadas, mas conta com este "primo" mais informal. Em comum, o uso de ingredientes fresquíssimos e o toque ideal de ousadia. ***c/ Diputació 269. ☎ 93-488-09-77. Tapas €2,50-14. MC, V. Almoço e jantar seg-sáb. Metrô: Passeig de Gràcia. Mapa pág. 95.***

★ **Umita** RAVAL *SUSHI* Os sushis servidos no Umita retratam a cena culinária peruana. Na mesa, peixes frescos e combinações delicadas e criativas. Acomode-se no balcão e aproveite. ***c/ Pintor Fortuny 15. ☎ 93-301-23-22. Preços €7-18. AE, MC, V. Almoço e jantar diariam. Metrô: Catalunya. Mapa pág. 96.*** ●

Para provar as tradicionais **tapas espanholas**, *uma opção é o Taller de Tapas.*

7 O melhor da **noite**

Endereços de destaque

À moda antiga
★★ L'Ascensor, *c/ Bellafila 3 (pág. 113)*

Para provar absinto
★★★ Marsella, *c/ Sant Pa 65 (pág. 113)*

Ao estilo francês
★★★ Pastis, *c/ Santa Mónic 4 (pág. 113)*

Para ver e ser visto
Café Zurich, *Plaça de Catalunya 1 (pág. 57)*

Bar de vinhos
★★ La Vinya del Senyor, *Plaça Santa Mari 5 (pág. 118)*

Para ver jogos de futebol
★ The Black Horse, *c/ Allada Vermell 16 (pág. 112)*

Coquetéis clássicos
★★★ Gimlet, *c/ Rec 24 (pág. 112)*

Melhor *xampanyería*
★★★ El Xampanyet, *c/ de la Montcada 22 (pág. 118)*

Melhores vistas
★★ Mirablau, *Plaça Doctor Andreu 2 (pág. 113)*

Dentro de um barco
★ Luz de Gas Port Vell, *Moll de Diposit, s/n (pág. 117)*

Ponto de mochileiros
Travel Bar, *c/ Boqueria 27 (pág. 114)*

Bar de design
★★ Omm Sesion Club, *c/ Rosselló 265 (pág. 117)*

Som latino
★★★ Antilla Latin Club, *c/ Aragó 141 (pág. 114)*

Cinema e drinque
★★ Movie Living & Food, *c/ Roger de Lluri 50 (pág. 117)*

Baile de antigamente
★★★ La Paloma, *c/ Tigre 27 (pág. 115)*

Show de *drag queens*
★★ Café Dietrich, *c/ Consell de Cent 255 (pág. 116)*

Para dançar a céu aberto
★ La Terrazza, *Av. Marquès de Comillas s/n (pág. 115)*

Celebridades
★ CDLC (Carpe Diem Lounge Club) *Pg. Marítim 32 (pág. 117)*

Página anterior: balada em Barcelona. Acima: para provar absinto, vá ao Marsella.

L'Eixample

Aire **10**
Antilla Latin Club **11**
Bar Mut **7**
Bikini **1**
Café Dietrich **12**
Café Zurich **14**
City Hall **15**
La Terrazza **2**
Metro **13**
Mirablau **9**
Movie Living & Food **18**
New Chaps **8**
Nick Havanna **5**
Omm Sesion Club **6**
Otto Zutz **4**
Salvation **16**
Up and Down **3**
Xampú Xampany **17**

Ciutat Vella e beira-mar

Almirall **3**
Apolo **4**
Baja Beach Club **27**
The Black Horse **25**
Boadas **2**
Can Paixano **18**
Casino Barcelona **29**
CDLC (Carpe Diem Lounge Club) **28**
Club 13 **7**
El Bosc de las Fades **12**
El Xampanyet **24**
The Fastnet Bar **21**
Gimlet **23**
Ginger **15**
L'Ascensor **13**
La Fianna **17**
La Paloma **1**
La Vinateria del Call **11**
La Vinya del Senyor **16**
Le Kashbah **20**
Luz de Gas Port Vell **19**
Marsella **5**
Molly's Fair City **6**
New York **8**
Pastis **9**
Pitin Bar **22**
Razzmatazz **30**
Shoko **26**
Travel Bar **10**
Va de Vi **14**

Noite

Bares

★ **Almirall** RAVAL Bar ao estilo antigo, com aspecto boêmio e um imenso espelho Art Nouveau atrás do balcão. *c/ Joaquín Costa 33. ☎ 93-412-15-35. Metrô: Sant Antoni ou Universitat. Mapa pág. 110.*

★ **Bar Mut** L'EIXAMPLE Clássico bar de *tapas*, bom também para quem quer tomar drinques (o nome é uma brincadeira com a forma como os moradores pronunciam "vermute"). Tem ótimos petiscos, relacionados numa lousa, e boa oferta de vinhos. *c/ Pau Claris 192. ☎ 93-217-43-38. Metrô: Diagonal. Mapa pág. 109.*

Placa do Boadas, um bar de coquetéis.

★ **The Black Horse** LA RIBERA Para quem quer se sentir num *pub* londrino. Cervejas inglesas, jogo de dardos e televisores sintonizados em eventos esportivos. As pessoas vêm para beber e assistir ao futebol. *c/ Allada Vermell 16. ☎ 93-268-33-38. Metrô: Jaume I. Mapa pág. 110.*

★ **Boadas** LA RAMBLA Típico bar de coquetéis, em atividade desde os anos 1930. Na decoração, fotos antigas e um ambiente ao estilo da Havana pré-revolução. Para entrar no clima, peça um daiquiri. *c/ Tallers 1. ☎ 93-318-88-26. Metrô: Catalunya. Mapa pág. 110.*

El Bosc de las Fades BARRI GÓTIC Sinta-se numa floresta de contos de fadas, com gnomos, fadas, sereias, quedas-d'água e árvores sorridentes. Uns adoram, outros detestam. *Pg. de la Banca 7. ☎ 93-317-26-49. Metrô: Drassanes. Mapa pág. 110.*

★ **The Fastnet Bar** BEIRA-MAR *Pub* irlandês, situado perto da marina e com mesas na área externa. Adeptos do futebol e do rúgbi se reúnem aqui, de olho na tela da TV. *Pg. Juan de Borbón 22. ☎ 93-295-30-05. Metrô: Barceloneta. Mapa pág. 110.*

★★★ **Gimlet** LA RIBERA Apreciadores de coquetéis elogiam este bar sofisticado e com estilo retrô. Ótimos *bartenders* e som de jazz para animar o ambiente. Perfeito para um drinque. *c/ Rec 24. ☎ 93-310-10-27. Metrô: Arc de Triomf. Mapa pág. 110.*

Bartender do Gimlet prepara um drinque.

Picasso e Hemingway eram alguns dos clientes do Marsella.

★★ **Ginger** BARRI GÒTIC Este bar de coquetéis, pequeno mas com personalidade, fica numa simpática praça do Barri Gòtic. Os sofás confortáveis e a ótima seleção de *tapas* costumam agradar. ***Palma de Sant Just 1 (com c/ Lledó). ☎ 93-310-53-09. Metrô: Jaume I. Mapa pág. 110.***

★ **La Fianna** LA RIBERA Combinação de bar e restaurante, tem ambiente com leve inspiração norte-africana. Frequentado por quem volta da balada. *c/* ***Banys Vells 15. ☎ 93-315-18-10. Metrô: Jaume I. Mapa pág. 110.***

★★ **L'Ascensor** BARRI GÒTIC O antigo e notável elevador instalado perto de uma das entradas dá nome a este local, em atividade há cerca de três décadas. O L'Ascensor é famoso pelas caipirinhas feitas com rum e pelos *mojitos*. *c/* ***Bellafila 3. ☎ 93-318-53-47. Metrô: Jaume I. Mapa pág. 110.***

★★★ **Marsella** RAVAL Você quer provar absinto (*absenta*)? Esta bebida com sabor de anis, fortíssima e ainda proibida em alguns países (há quem atribua ao absinto efeitos alucinógenos), pode ser pedida neste bar, que existe desde 1820. A casa garante que Picasso, Dalí e Hemingway passaram por aqui. *c/* ***Sant Pau 65. ☎ 93-442-72-63. Metrô: Liceu. Mapa pág. 110.***

★★ **Mirablau** TIBIDABO O bar não tem nada de especial, mas a vista é linda. Peça um coquetel e aproxime-se da janela para apreciar a cidade de Barcelona. Perto daqui fica o funicular que leva ao Tibidabo. ***Plaça Doctor Andreu 2. ☎ 93-418-58-79. Tramvia Blau a partir do metrô Tibidabo. Mapa pág. 109.***

Molly's Fair City BARRI GÒTIC Outro local barulhento e disputado por estrangeiros (sobretudo ingleses e irlandeses) em visita a Barcelona. Em geral, não falta animação, ampliada quando há uma partida de futebol em exibição na TV. *c/* ***Ferran 7. ☎ 93-342-40-26. Metrô: Liceu. Mapa pág. 110.***

★★★ **Pastis** LA RAMBLA/RAVAL Ambiente com ar romântico e antigo, quase um santuário em louvor da cantora francesa Edith Piaf. A especialidade da casa é o *pastis*, bebida francesa com aroma de anis. Não é para todos os gostos, mas tem público certo na clientela mais nostálgica. *c/* ***Santa Mónica 4. ☎ 93-318-79-80. Metrô: Drassanes. Mapa pág. 110.***

Para apreciar as belezas da cidade, vá ao Mirablau.

Pitin Bar LA RIBERA Simpático bar com dois andares, instalado no Passeig del Born desde 1957. Na parte superior (para quem conseguir transpor a escada em caracol), o ambiente é mais discreto, ideal para relaxar. *Pg. del Born 34. ☎ 93-319-50-87. Metrô: Jaume I. Mapa pág. 110.*

Travel Bar BARRI GÒTIC O nome diz tudo: este é o ponto de encontro dos mochileiros e demais viajantes com orçamento limitado, que trocam informações, usam a internet e, é claro, tomam cervejas. *c/ Boquería 27. ☎ 93-342-52-52. Metrô: Liceu. Mapa pág. 110.*

Cassino

Casino Barcelona BEIRA-MAR Bastante apreciado, inclui um clube para dançar, um restaurante e a chance de tirar a sorte grande. *c/ Marina 19-21. ☎ 93-225-78-78. Entrada €4,50. Metrô: Ciutadella/ Vila Olímpica. Mapa pág. 110.*

Clubes

★★★ **Antilla Latin Club** L'EIXAMPLE Casa disputada pela comunidade caribenha/latino-americana residente em Barcelona. Esta animada *salsateca* é perfeita para dançar e se divertir. Para quem se sente inseguro na pista, a casa oferece aulas de dança (seg e qua-sex 21h-23h30, grátis na quinta, mediante *couvert*). Algumas vezes, nomes de destaque da música latina se apresentam aqui. *c/ Aragó 141. ☎ 93-451-21-51. Couvert €10. Metrô: Urgell. Mapa pág. 109.*

★★ **Apolo** POBLE SEC Às sextas-feiras e sábados, este clube com público eclético e instalado num salão de baile/teatro do início do século 20 converte-se num *dance club* chamado Nitsa. Nas demais noites, apresenta filmes, música funk ou shows de rock. Aos domingos, abre como clube gay. *c/ Nou de la Rambla 113. ☎ 93-318-99-17. Metrô: Poble Sec. Mapa pág. 110.*

Baja Beach Club BEIRA-MAR Com garçons sem camisa e garçonetes de biquíni, este lugar pode ser comparado a uma versão do Hooter's em frente ao mar. A música não vai além dos clássicos da era disco e dos anos 80 e 90, mas há um DJ na pista. *Pg. Marítim 34. ☎ 93-225-91-00. Metrô: Vila Olímpica/Ciutadella. Mapa pág. 110.*

★★ **Bikini** DIAGONAL/SANTS Bar que serve de palco para shows de rock e também pista de dança. Os ambientes variam conforme o ritmo: rock alternativo em um, sons latinos em outro. *c/ Deu i Mata 105. ☎ 93-322-00-05. Couvert €15. Metrô: Mapa pág. 109.*

★ **City Hall** L'EIXAMPLE Ponto de encontro da moçada local (e de muitos turistas também), atraída pelas batidas techno e house. O jardim do fundo garante um respiro no meio de toda a agitação.

DJ comanda som na noite de Barcelona.

Para quem gosta de dançar, o La Paloma oferece ritmos diversos.

Rambla de Catalunya, 2-4. ☎ 93-317-21-77. Couvert €12. Metrô: Catalunya. Mapa pág. 109.

★★ **Club 13** BARRI GÒTIC A animação deste clube concorrido, situado na Plaça Reial, corre solta no andar inferior, decorado com lustres brilhantes, cadeiras de couro e som eletrônico. No passado aqui havia um convento de capuchinhos (observe os antigos arcos de tijolo). *Plaça Reial 13. ☎ 93-317-23-52. Metrô: Liceu. Mapa pág. 110.*

★★★ **La Paloma** RAVAL Este teatro com mais de um século já foi histórico salão de bailes. Além da vistosa decoração com veludo vermelho e lustres chamativos, tem muito espaço para dançar. No início da noite ouve-se foxtrote, tango ou bolero, ao som de orquestra ao vivo. Nas noites de quinta-feira a domingo, tudo muda, e o lugar vira um jovial dance club. Convém ligar antes de ir: volta e meia, a casa fecha para reformas. *c/ Tigre 27. ☎ 93-301-68-97. Couvert €5-10. Metrô: Universitat. Mapa pág. 110.*

★ **La Terrazza** MONTJUÏC Aberto só nos verões, este clube ao ar livre fica dentro do Poble Espanyol, réplica de um povoado construído para a Exposição Universal de 1929. A animação vai até o amanhecer. Há uma opção fechada (com entrada separada e que cobra ingresso), chamada Discotheque. *Av. Marquès de Comillas s/n. ☎ 93-508-63-30. Metrô: Espanya. Mapa pág. 109.*

★ **Le Kashbah** BEIRA-MAR Sabor marroquino na região do porto olímpico (no Palau del Mar, onde funciona o Museu de Catalunya), esta pista de dança pega fogo conforme a noite avança. Agradável área externa. *Plaça Pau Vila 1. ☎ 62-656-13-09. Metrô: Barceloneta. Mapa pág. 110.*

★ **New York** BARRI GÒTIC A aparência de um antigo bar de *strip-tease* permanece neste local disputado que funciona noite afora. O som predominante é R&B e disco. *c/ Escudellers 5. ☎ 93-318-87-30. Couvert após 2h €10. Metrô: Drassanes. Mapa pág. 110.*

O típico cava catalão é o combustível ideal para tornar a noite mais borbulhante.

★★★ **Otto Zutz** GRÀCIA Talvez o clube mais conhecido da cidade, com vários ambientes que atraem celebridades e aspirantes à fama. Com oito bares, quatros pistas de dança e abertura para todos os gêneros musicais, aqui são grandes as chances de encontrar algo que agrade o visitante. *c/ Lincoln 15. ☎ 93-238-07-22. Couvert €15. Metrô: Gràcia. Mapa pág. 109.*

★★★ **Razzmatazz** BEIRA-MAR Neste imenso espaço (cinco clubes em um) há atrações para todos os gostos, desde que você seja jovem e tenha energia para gastar. Nas pistas, de música techno a som gótico, passando por punk e metal. O ingresso único permite acesso a todos os ambientes. Às vezes, sedia shows ao vivo. *c/ Almogàvers 122. ☎ 93-320-82-00. Couvert (menos em dias de shows) €12. Metrô: Bogatell. Mapa pág. 110.*

★ **Up and Down** BARRIOS ALTOS Um dos clubes mais antigos de Barcelona, funciona desde os anos 80. Ainda atrai muita gente e conta com frequentadores habituais. Em geral, na parte superior ficam os ambientes mais tranquilos. No andar de baixo, muita agitação, gente jovem e música altíssima. *c/ Numància 179. ☎ 93-205-51-94. Couvert €12-18. Metrô: María Cristina. Mapa pág. 109.*

Gays e lésbicas

Aire L'EIXAMPLE Poucas casas de Barcelona destinam-se especialmente às lésbicas. Este clube atrai mulheres de todas as idades (inclusive heterossexuais). Espaçosa pista e ótimo bar. *c/ Valencia 236. ☎ 93-487-83-42. Metrô: Passeig de Gràcia. Mapa pág. 109.*

★★ **Café Dietrich** L'EIXAMPLE Se quiser assistir a um bom show de *drags*, este é um dos endereços mais respeitados da cidade. Os garçons, com trajes sumários, parecem gostar do assédio da clientela. *c/ Consell de Cent 255. ☎ 93-451-77-07. Metrô: Gràcia ou Universitat. Mapa pág. 109.*

Shows de drag queens *e garçons seminus são as atrações do Café Dietrich.*

★ **Metro** LA RAMBLA/RAVAL Com dois andares com pistas de dança, o Metro ainda é a disco gay mais famosa de Barcelona. Entre os frequentadores, desde animados fashionistas a figuras do tipo másculo. Uma das pistas é dedicada às músicas tradicionais e ao pop espanhol. O ambiente do fundo é embalado por sons mais ousados. *c/ Sepulveda 185. ☎ 93-323-52-27. Couvert €10. Metrô: Universitat. Mapa pág. 109.*

New Chaps L'EIXAMPLE Reúne uma clientela de todos os tipos. A animação corre solta no andar inferior madrugada adentro. *Av. Diagonal 365. ☎ 93-215-53-65. Metrô: Diagonal. Mapa pág. 109.*

Salvation L'EIXAMPLE Uma população jovem frequenta este clube, composto de dois salões, um dedicado ao house e aos DJs; outro, à música pop. *Ronda de Sant Pere 19-21. ☎ 93-318-06-86. Metrô: Urquinaona. Mapa pág. 109.*

Lounges e bares de coquetéis

★ **CDLC (Carpe Diem Lounge Club)** BEIRA-MAR Se quiser ver e ser visto, não procure outro endereço. Para desfrutar do conforto das camas brancas, é preciso consumir uma (cara) garrafa de uísque. Muitos clientes preferem a parte aberta. Não esqueça de vestir os melhores trajes. *Pg. Marítim 32. ☎ 93-224-04-70. Metrô: Vila Olímpica/Ciutadella. Mapa pág. 110.*

★ **Luz de Gas Port Vell** BEIRA-MAR Só funciona no verão, mas este bar instalado em um barco (casa irmã do badalado Luz de Gas) é ideal para tomar coquetéis sob as estrelas. Tem mesas iluminadas por velas e pista de dança com vista para o píer. *Moll de Diposit s/n (em frente ao Palau de Mar). ☎ 93-209-77-11. Metrô: Drassanes ou Barceloneta. Mapa pág. 110.*

★★ **Movie Living & Food** L'EIXAMPLE Restaurante e *lounge* peculiar, autodefinido como "visual music club" por causa das telas em que são projetados clipes e filmes. Tem sofás confortáveis e poltronas de cinema. Aqui quem manda é o VJ (e não o DJ). *c/ Roger de Lluria 50. ☎ 93-272-35-69. Metrô: Passeig de Gràcia. Mapa pág. 109.*

★★ **Omm Sesion Club** L'EIXAMPLE Moderno até dizer chega, esta lounge instalado dentro do Hotel Omm é disputado por modelos, profissionais do mundo do design e gente com bela figura e muitos euros na carteira. O bar é exuberante. Para animar o ambiente, som de música eletrônica. *c/ Rosselló 265. ☎ 93-445-40-00. Metrô: Diagonal. Mapa pág. 109.*

★ **Nick Havanna** L'EIXAMPLE Primeiro bar de design a abrir as portas em Barcelona, surgiu na década de 1980. Como hoje existem muitos estabelecimentos do gênero, o Nick Havanna aposta no charme retrô. Só os banheiros da casa já valem a visita. *c/ Rosselló 208. ☎ 93-217-77-32. Metrô: Diagonal. Mapa pág. 109.*

Shoko BEIRA-MAR De frente para o mar, este lounge também é um restaurante com tema asiático. A frequência é composta de gente da moda, que não se incomoda com a decoração exagerada da casa. Animação certa nos finais de semana, quando predominam sons house, trance e hip-hop. *Pg. Marítim, 36. ☎ 93-225-92-00. Metrô: Vila Olímpica/Ciutadella. Mapa pág. 110.*

Bares de vinho

★★ **Can Paixano** BEIRA-MAR Em geral lotada, esta casa sem placas na porta oferece os *cavas* mais em conta de toda a cidade, além de um generoso cardápio de sanduíches. À noite, o ambiente fica cheio e é preciso se esforçar para conseguir uma garrafa. Detalhe curioso: neste bar só se bebe de pé; não há lugares para sentar. *c/ Reina Cristina 7. ☎ 93-310-08-39. Metrô: Barceloneta. Mapa pág. 110.*

O Luz de Gas Port Vell convida para um drinque sob a luz do luar.

Quer provar um bom cava? Vá ao El Xampanyet.

★★★ El Xampanyet LA RIBERA Instituição clássica, confortável e reconhecida. Quando percorrer La Ribera, faça uma pausa aqui: peça uma *copa de cava*, acompanhada dos excelentes petiscos. Gerido por uma família desde a década de 1930, permanece autêntico: azulejos coloridos, mesas de mármore, um velho balcão de zinco e barris de vinho. ***c/ de la Montcada 22. ☎ 93-319-70-03. Fechado ago. Metrô: Jaume I. Mapa pág. 111.***

★ La Vinateria del Call BARRI GÒTIC Para degustar vinho em ambiente romântico, no coração do antigo bairro judaico da cidade. Boa oportunidade de confraternizar com barceloneses. ***c/ de Sant Domènec del Call 9. ☎ 93-302-60-92. Metrô: Jaume I. Mapa pág. 110.***

★★ La Vinya del Senyor LA RIBERA Em frente à Igreja de Santa María del Mar, este minúsculo bar de vinhos com lindo terraço atrai hordas de turistas e de enófilos. A carta de vinhos é magnífica, e o local dispõe de boa seleção de *tapas*. ***Plaça Santa María 5. ☎ 93-310-33-79. Metrô: Barceloneta ou Jaume I. Mapa pág. 110.***

★ Va de Vi BARRI GÒTIC Este bar de vinhos, que pertence a um artista e enófilo, funciona numa casa com ar medieval (tem até arcos góticos). A oferta de vinhos é incrível, inclusive com algumas pérolas, como L´Ermita de Priorat. ***c/ Banys Vells 16. ☎ 93-319-29-00. Metrô: Jaume I. Mapa pág. 110.***

★ Xampú Xampany L'EIXAMPLE Apesar da dificuldade em pronunciar seu nome, este antigo bar de *cavas* é bastante acolhedor. Prepare-se para encontrar ótimas *tapas*, além de *cavas* e vinhos de qualidade. Se conseguir, acomode-se em uma das mesas da parte externa. ***Gran Via de les Corts Catalanes 702 (esquina com Plaça de Tetuan). ☎ 93-265-04-83. Metrô: Girona. Mapa pág. 109.***

8 Arte e **diversão**

Endereços de destaque

Espetáculos acústicos
★★ L'Auditori, *c/ Lepant 150 (pág. 124)*

Clube de jazz
★★ Harlem Jazz Club, *Comtessa de Sobradiel 8 (pág. 126)*

Espetáculo de flamenco
★★ Tablao Flamenco Cordobés, *La Rambla 35 (pág. 126)*

Ópera
★★★ Gran Teatre del Liceu, *La Rambla 51-59 (pág. 127)*

Festival de verão
★★ Grec, *Montjuïc (pág. 129)*

Estádio de futebol
★★ Fútbol Club Barcelona, *Av. del Papa Joan XXIII (pág. 129)*

Teatro
★★★ Teatre Mercat de Les Flors, *c/ Lleida 59 (pág. 130)*

Sala de espetáculos
★★★ El Palau de la Música Catalana, *c/ Sant Francesc de Paula 2 (pág. 124)*

Ritmos variados
★★★ Luz de Gas, *c/ Montaner 246 (pág. 127)*

Música ao vivo
★★ Sala Razzmatazz, *c/ dels Almogavers 122 (pág. 129)*

Teatro/sala surpreendente
★ La Casa dels Músics, *c/ Encarnació 25 (pág. 128)*

Música eletrônica
Sonar, El Raval e outros locais *(pág. 129)*

Cinema em versão original
★★★ Verdi, *c/ Verdi 32 (pág. 125)*

Festival de rock alternativo
Primavera Sound, *Parc del Fòrum (pág. 129)*

"Palco" inesquecível
La Pedrera de Nit, *Pg. de Gràcia 92 (pág. 127)*

Página anterior: ópera de Tchaikovsky encenada no Gran Teatre del Liceu. Acima: espetáculo musical no El Palau de la Mùsica Catalana.

L'Eixample

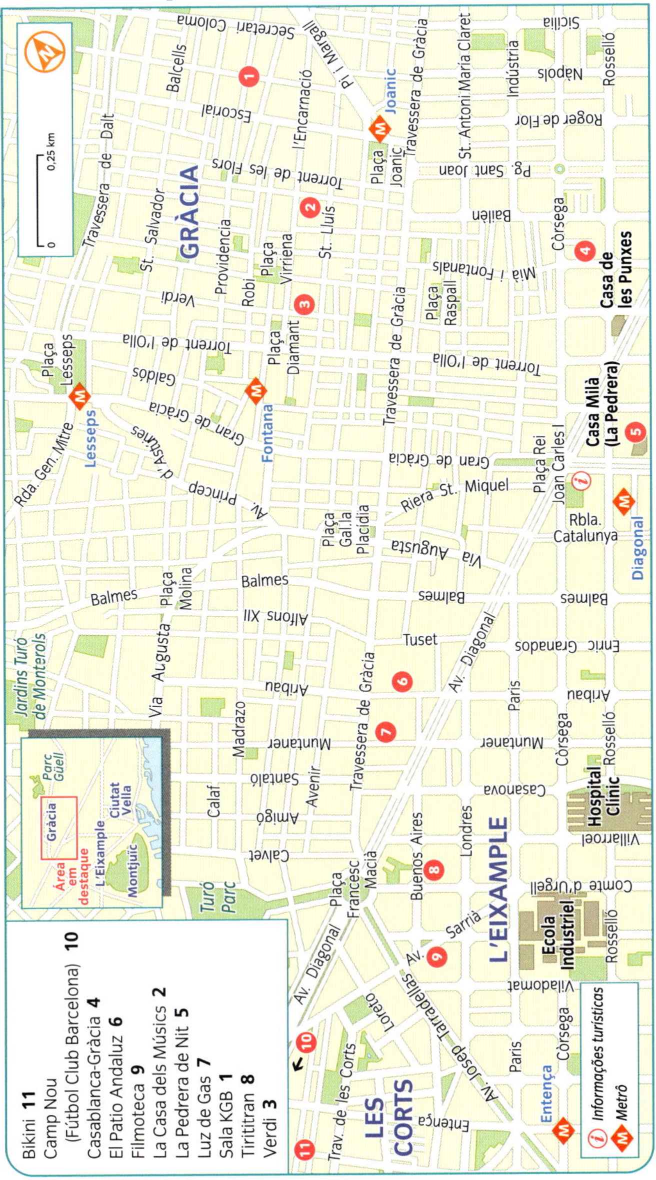
Bikini 11
Camp Nou
(Fútbol Club Barcelona) 10
Casablanca-Gràcia 4
El Patio Andaluz 6
Filmoteca 9
La Casa dels Músics 2
La Pedrera de Nit 5
Luz de Gas 7
Sala KGB 1
Tititran 8
Verdi 3
GRÀCIA
L'EIXAMPLE
LES CORTS
Casa Milà (La Pedrera)
Casa de les Punxes
Hospital Clínic
Ecola Industriel
Informações turísticas
Metrô
0,25 km
Parc Güell
Gràcia
Área em destaque
L'Eixample
Ciutat Vella
Montjuïc

Ciutat Vella e Beira-mar

Teatre Nacional de Catalunya
L'Auditori
Arc de Triomf
Estació del Nord
Parc del Estació del Nord
Marina
Palau de Justicia
Museu Zoologia
Cascada
Museu Geologia
Parc de la Ciutadella
Museu d'Art Modern
Parlament de Catalunya
Mercat del Born
Bogatell
POBLE NOU
Zoo de Barcelona
Parc Zoològic
Estació de França
Parc de Carles I
Ciutadella-Vila Olímpica
Parc del Port Olímpic
Hotel Arts
Torre Mapfre
Moll de Mestral
Port Olímpic
Platja Nova Icària
Parc de la Barceloneta
Platja Barceloneta
Escullera de Poblenou
MAR MEDITERRÂNEO
Passeig de Sant Joan
Passeig de Pujades
Passeig de Picasso
Passeig de Circumval.lació
Passeig Marítim de la Barceloneta
Passeig Marítim
Ronda Litoral
Av. Meridiana
Av. Icària
Plaça dels Campions
0
0,25 km

Arte e **diversão**

Salas de espetáculos

★★★ **El Palau de la Música Catalana** LA RIBERA Esta magnífica sala de espetáculos, construída em 1908 e projetada por Domènech i Montaner, é uma obra-prima modernista. Em geral, apresenta música clássica, mas também abre espaço para shows de jazz, world music e rock alternativo. Para passeios guiados pelo local, ver pág. 20. Uma nova ala, chamada Petit Palau, inclui restaurante e uma sala de ensaios. *c/ Sant Francesc de Paula 2. ☎ 93-295-72-00. Ingressos €18-60. www.palaumusica.org. Metrô: Urquinaona. Mapa pág. 122.*

★★ **L'Auditori** POBLE NOU A mais recente sala de espetáculos de música clássica é este moderno teatro, assinado pelo destacado arquiteto espanhol Rafael Moneo. Sede permanente da sociedade coral Orféo Catalá e da Orquestra Sinfônica de Barcelona, também apresenta famosos músicos internacionais. A acústica do local é excelente. *c/ Lepant 150. ☎ 93-247-93-00. Tickets €15-50. www.auditori.org. Metrô: Glòries. Mapa pág. 122.*

Orquestra se apresenta no L'Auditori.

Cinemas

Casablanca-Gràcia GRÀCIA As três salas exibem lançamentos e retrospectivas, tanto de filmes de arte quanto de produções comerciais, mas sempre em versão original. Uma sala com programação similar é a **Casablanca-Kaplan**, no bairro de L'Eixample. *c/ Girona 175. ☎ 93-459-03-26. Ingressos €6. Metrô: Verdaguer. Casablanca-Kaplan: Pg. de Gràcia 115. ☎ 93-218-43-45. Metrô: Diagonal. Mapa pág. 121.*

★★ **Filmoteca** L'EIXAMPLE Cinemateca fundada pelo governo catalão, disputada pelos cinéfilos locais e estrangeiros. Exibe clássicos e algumas mostras temáticas, como o "neorrealismo italiano". *Cinema Aquitania, Av. Sarriá 31-33. ☎ 93-410-75-90. www.cultura.gencat.net/filmo. Ingressos €2,70. Metrô: Hospital Clinic. Mapa pág. 121.*

★ **Icária** BEIRA-MAR (VILA OLÍMPICA) Este conjunto de 15 salas funciona dentro de um shopping center. Predominam os lançamentos comerciais, mas às vezes a programação inclui filmes europeus ou produções independentes. Há reservas pela internet e, nos fins de semana, sistema de poltronas numeradas. *Salvador Espriu 61 (Vila Olímpica). ☎ 93-221-75-85. www.yelmocineplex.es. Ingressos €6,60. Metrô: Ciutadella-Vila Olímpica. Mapa pág. 122.*

★★ **IMAX Port Vell** BEIRA-MAR O excelente IMAX de Barcelona projeta os últimos lançamentos em

Espetáculo de flamenco no El Tablao de Carmen.

três sitemas diferentes (IMAX, OMNIMAX e 3D). *Moll de Espanya. ☎ 93-225-11-11. Ingressos €7. Metrô: Drassanes. Mapa pág. 122.*

Méliès Cinemes L'EIXAMPLE Ampla variedade de filmes, tanto produções espanholas como estrangeiras, comerciais, clássicos, à escolha nas duas salas. *c/ de Villaroel 10. ☎ 93-451-00-51. www.cinessmelies.blogspot.com. Ingressos €4 (€2,70 seg). Metrô: Urgell. Mapa pág. 122.*

★ **Renoir Floridablanca** L'EIXAMPLE Ampla oferta dos últimos lançamentos internacionais (versão original) em sete salas. Chega a projetar dez filmes diferentes em um dia. Um cinema da mesma rede, o **Renoir Les Corts,** oferece seis salas. *Floridablanca 135. ☎ 93-228-93-93. Ingressos €6,20 (€4,80 seg). www.cinesrenoir.com. Metrô: Universitat ou Sant Antoni. Renoir Les Corts: Eugenie d'Ors 12. ☎ 93-490-55-10. Metrô: Les Corts. Mapa pág. 122.*

★★★ **Verdi** GRÀCIA Famoso espaço, apreciado pelos amantes da sétima arte. Primeiro da cidade a projetar filmes em versão original, o Verdi tem cinco salas, em geral dedicadas a títulos de arte ou independentes. Outro cinema próximo, o Verdi Park, oferece quatro salas. *Verdi: c/ Verdi 32; Verdi Park: c/ Torrijos 49 (Gràcia). ☎ 93-238-79-90. Ingressos €6,50 (€4,80 seg). Metrô: Fontana. Mapa pág. 121.*

Flamenco

El Patio Andaluz GRÀCIA Combinação de restaurante e palco de flamenco, pertence a uma rede hoteleira. Ideal para ver um show das *sevillanas*, com sua peculiar forma de dançar (a participação da plateia é bem-vinda). Espetáculos às 20h e 22h; *sevillanas* às 24h. *c/ Aribau 242. ☎ 93-209-33-78. Metrô: Gràcia. Mapa pág. 121.*

El Tablao de Carmen MONTJUÏC No Poble Espanyol funciona esta casa frequentada por turistas e que apresenta um confiável espetáculo de flamenco (ter a sáb, 20h-1h). O primeiro espetáculo começa às 21h30 e o segundo às 23h30 (sex-sáb. 24h). *Poble Espanyol de Montjuïc. ☎ 93-325-68-95. Jantar e show €55-80; drinque e show €30. Metrô: Espanya.*

★★ **Los Tarantos** BARRI GÒTIC Casa mais antiga de Barcelona (1963), em seu palco se apresentaram nomes consagrados, como Antonio Gades. O teatro é ideal tanto para espetáculos de dança quanto para shows musicais. ***Plaça Reial 17.*** ☎ ***93-319-17-89. www.masimas.com/tarantos. Couvert (com direito a uma bebida) €20. Metrô: Liceu. Mapa pág. 122.***

★★ **Tablao Flamenco Cordobés** LA RAMBLA Perto do mar, este clube ao estilo andaluz funciona desde meados da década de 1970. No andar superior é apresentado o *cuadro flamenco*, com a participação de cantores, dançarinos e violonistas. Embora não exalem a passionalidade vista no sul espanhol, as performances daqui talvez sejam mais autênticas. Shows com jantar todas as noites, às 19h, 20h30 e 22h. ***La Rambla 35.*** ☎ ***93-317-57-11. www.tablaocordobes.com. Jantar e show €50-60; 1 bebida e show €30-35. Metrô: Drassanes. Mapa pág. 122.***

★ **Tirititran** L'EIXAMPLE Este *colmao flamenco* (restaurante de bairro com apresentações de flamenco) é boa opção para os interessados em um espetáculo menos "turístico". Na parte inferior há um pequeno palco para shows mais descontraídos. ***c/ Buenos Aires 28.*** ☎ ***93-410-86- 77. www.tirititran.com. Metrô: Urgell. Mapa pág. 121.***

Jazz e cabaré

★ **Espai Barroc** LA RIBERA Esta casa impressiona o visitante. O ambiente, uma construção medieval repleta de belos objetos de arte, convida para um drinque. Quem chega numa noite de quinta-feira, porém, encontra apresentações de árias de grandes óperas. ***c/ de la Montcada 20.*** ☎ ***93-310-06-73. Couvert variado. Metrô: Jaume I. Mapa pág. 122.***

Harlem Jazz Club.

★★ **Harlem Jazz Club** BARRI GÒTIC Uma das casas de jazz mais antigas de Barcelona, o Harlem passou por reformas e segue prestigiado. Na programação, sons que variam do bebop e do blues à bossa nova. ***Comtessa de Sobradiel 8.*** ☎ ***93-310-07-55. Entrada grátis seg-qui; €6 sex-sáb, consumação mínima de uma bebida. Fechado em agosto. Metrô: Jaume I. Mapa pág. 122.***

★ **Jamboree** BARRI GÒTIC Situado em plena Plaça Reial, este antigo palco para shows ao vivo de jazz e blues às vezes atrai nomes de destaque (Chet Baker e Ella Fitzgerald já se apresentaram aqui), embora os destaques sejam os novos talentos. No final da noite, a casa lota e se transforma em um clube para a moçada, com hip-hop no andar inferior e world music na parte de cima. ***Plaça Reial 17.*** ☎ ***93-301-75-64. ww.masimas.com/jamboree. Shows €3-10. Metrô: Liceu. Mapa pág. 122.***

★ **Jazz Sí Club Taller de Músics** RAVAL Todas as noites, uma programação livre constitui a *raison d'être* deste pequeno auditório e bar, ligado a uma escola de música. Miguel Poveda e Enrique Morente, astros do flamenco, se apresentaram aqui para uma plateia de estudantes e professores. Todas as noites predomina um estilo musical diferente. *c/ Requesens 2. ☎ 93-329-00-20. www.tallerdemusics.com. Entrada grátis. Metrô: Sant Antoni. Mapa pág. 122.*

★★ **La Pedrera de Nit** L'EIXAMPLE Algumas vezes (e sempre no verão), o teto do famoso edifício residencial em estilo modernista criado por Gaudí transforma-se em um especialíssimo palco para apresentações de jazz, flamenco, tango e world music. Com as luzes do belo bairro de L'Eixample ao redor e a iluminação das peculiares chaminés, o ambiente fica quase surreal. Quem assiste a uma apresentação aqui raramente sai decepcionado. *Pg. de Gràcia 92 (com Provença). ☎ 902-40-09-73 ou 902-10-12-12 para comprar ingressos com antecedência. Jul-set sex-sáb 21h-23h. Ingresso (inclui uma bebida e visita ao Espai Gaudí) €10. Metrô: Diagonal ou Provença. Mapa pág. 121.*

★★★ **Luz de Gas** L'EIXAMPLE Durante anos, esta casa erguida no início do século 20 reinou suprema em Barcelona, por sua elegância (candelabros e espessas cortinas vermelhas) e pela programação de música ao vivo, em geral com shows de jazz latino (Charlie Haden e Danilo Pérez se apresentaram aqui). Algumas áreas têm bar próprio. Em geral, predominam gêneros como jazz, pop, folk, R&B e salsa. A Sala B, situada ao lado, tem ambiente mais moderno. *c/ Muntaner 246. ☎ 93-209-77-11. www.luzdegas.com. Couvert (inclui uma bebida) €20-25. Metrô: Diagonal. Mapa pág. 121.*

Ópera

★★★ **Gran Teatre del Liceu** LA RAMBLA A suntuosa Ópera de Barcelona, fundada em 1874, é um dos maiores teatros do mundo. Após o incêndio de 1994, o local foi totalmente reconstruído com doações e conseguiu manter o ambiente e a atmosfera originais.

Saguão do Gran Teatre del Liceu.

O palco do Liceu recebeu nomes de importância internacional, como José Carreras e Montserrat Caballé. Além das óperas, há recitais e apresentações de música de câmara, em geral no **El Petit Liceu**, de dimensões menores. *La Rambla, 51-59. ☎ 93-485-99-13 ou ☎ 93-485-99-00. Ingressos €20-85. www.liceubarcelona.com. Metrô: Liceu. Mapa pág. 122.*

★ **La Casa dels Músics** GRÀCIA Considerada uma das menores óperas do mundo, esta casa, que no século 19 foi a residência do pianista Luís de Arquer, oferece aos amantes de música a rara oportunidade de assistir a um espetáculo bem perto do palco. Convém fazer reservas. *c/ Encarnació 25. ☎ 93-284-99-20. Ingressos €22. www.lacasadelsmusics.com. Metrô: Fontana. Mapa pág. 121.*

Pop e rock

★ **Bikini** SANTS Peculiar clube de rock instalado no shopping center L'Illa, tem boa pista de dança e três ambientes separados. Já acolheu nomes de destaque do pop e do rock, entre eles Thievery Corporation e Marianne Faithful. Depois dos shows, o som funk e o hip-hop correm soltos. *c/ Déu i Mata 105 (travessa da Av. Diagonal), Les Corts. ☎ 93-322-08-00. Ingressos €12-15. Metrô: Les Corts ou María Cristina. Mapa pág. 121.*

★★ **Pocket Club** MONTJUÏC Parte do Teatre Mercat de les Flors, esta casa sedia apresentações em datas variáveis. Mas a programação atrai os mais animados, que vêm prestigiar nomes como Iron and Wine, Destroyer e outras bandas independentes. *c/ Lleida 59 (Mercat de les Flors). ☎ 93-285-26-26. www.pocketbcn.com. Ingressos €10-25. Metrô: Espanya.*

★ **Sala Apolo** POBLE SEC Este salão de baile da década de 1940 agrada a todos os gostos: às terças-feiras projeta filmes alternativos; às quartas oferece música latina; às quintas, funk, e aos domingos transforma-se em animado clube gay. Nas noites de sexta-feira e sábado aqui funciona o Nitsa, clube procurado por quem quer dançar. *Nou de la Rambla 113 (Poble Sec). ☎ 93-318-99-17. Ingressos variados. Metrô: Poble Sec. Mapa pág. 122.*

Sala KGB GRÀCIA Há tempo um reduto de jovens *underground* e roqueiros de garagem. Para quem quer apreciar rock, metal e bandas de reggae, às vezes misturadas com sons eletrônicos ou dance music. *c/ Alegre de Dalt 55. ☎ 93-210-59-*

Programação e ingressos

Para saber a programação de teatros, cinemas e shows procure um exemplar do ***Guía del Ocio***, publicação sobre tudo o que acontece em Barcelona e que pode ser encontrada em bancas de jornal. É editada em espanhol e inclui uma pequena parte em inglês. Outras opções de consulta muito úteis são **Tel-Entrada** (☎ 902-10-12-12; www.telentrada.com); **ServiCaixa** (☎ 902-33-22-11; www.servicaixa.com) e **Tick Tack Ticket** (☎ 902-15-00-25; www.ticktackticket.com [para ligações feitas de outras países, ☎ 34/93-445-06-60]).

Festivais de música

Uma tradição cultural de Barcelona é o **Grec** (☎ **93-301-77-75;** www.barcelonafestival.com), festival anual de teatro, música e dança. A partir da última semana de junho até a primeira semana de agosto, o Grec apresenta de blues a bossa nova, passando pela dança de vanguarda, no Teatre Grec, em Montjuïc, e em outros palcos da cidade. O **Primavera Sound** (www.primaverasound.com), festival alternativo de rock montado no Parc del Forum no final de maio e início de junho, atrai nomes como Sonic Youth, Wilco e Drive-By Truckers. Um recente festival com dois dias de duração, realizado em Barcelona e Madri, é o **Summercase** (www.summercase.com), também montado no Parc del Forum, em meados de julho. A primeira edição ocorreu em 2006, com a presença do New Order. No ano seguinte, contou com nomes como Flaming Lips, Arcade Fire e PJ Harvey. O **Sonar** (www.sonar.es), um dos maiores festivais de música eletrônica do mundo (realizado em meados de junho), apresenta nomes da dance music de toda a Europa. Mas, devido a suas proporções (ocupa vários palcos, dia e noite) e à presença de nomes como Björk e Massive Attack, não pode ser considerado um evento "marginal".

06. www.salakgb.net. Couvert €10. Metrô: Lesseps. Mapa pág. 121.

★ **Sala Razzmatazz** PORT OLÍMPIC/POBLE NOU Esta casa imensa e adorada pelos jovens (tem cinco ambientes) também sedia apresentações. O "Pop Club" é um lugar para quem quer apreciar pop espanhol ou internacional, música alternativa, hip-hop e rock. Pelo palco daqui já passaram Arctic Monkeys e LCD Soundsystem. *c/ dels Almogavers 122.* ☎ *93-320-82-00. Couvert variado. www.salarazzmatazz.com. Metrô: Bogatell/Marina. Mapa pág. 122.*

★ **Sidecar Factory Club** BARRI GÒTIC Este é o endereço certo para quem procura o palco mais original do rock alternativo da cidade. Algumas bandas aclamadas (como a Portastatic) já fizeram shows por aqui. *Plaça Reial 7.* ☎ *93-302-15-86. Shows €5-10. Metrô: Liceu. Mapa pág. 122.*

Estádio

★★ Fútbol Club Barcelona

SANTS O imenso estádio de futebol do time da cidade, o Barcelona, é o Camp Nou, com capacidade para 120 mil espectadores. Assistir a uma partida do Barça, como a população carinhosamente chama o time, contra o tradicional rival, o Real Madrid, é uma experiência que supera a curiosidade esportiva. Embora os ingressos sejam vendidos com bastante antecedência, às vezes é possível comprá-los na última da hora. Para conhecer mais sobre a trajetória do time, visite o **Museu del Fútbol Club Barcelona**, um dos museus mais visitados da Espanha. *Av. del Papa Joan XXIII; bilheteria c/ Aristides Maillol 12-18.* ☎ *93-496-36-00. Ingressos a partir de €24. www.fcbarcelona.com. Museu: c/ Aristides Maillol 7-9.* ☎ *93-496-36-08. Ingressos €7-11. Metrô: María Cristina, Palau Reial ou Collblanc. Mapa pág. 121.*

Teatre Mercat de Les Flors, em Montjuïc.

Teatro

Institut del Teatre MONTJUÏC Grande complexo formado por um teatro municipal e escolas de dança, reúne três auditórios. As apresentações variam de iniciativas de alunos a companhias de renome internacional. *Plaça Margarida Xirgú s/n. ☎ 93-227-30-00. Ingressos a preços variados. www.institutdelteatre.org. Metrô: Espanya.*

★ **L'Antic Teatre** LA RIBERA Este pequeno teatro construído no século 18 fica a pouca distância do Palau de la Música Catalana. No programa, uma variedade de apresentações que cobrem mais de uma modalidade artística, como dança, teatro, multimídia, circo e música, tanto de companhias locais como estrangeiras. A companhia residente é a Semolina Tomic. Os ingressos têm preços mais em conta, o que faz daqui uma boa alternativa para uma noite livre. *c/ Verdaguer i Callis 12. ☎ 93-315-23-54. Ingressos €6-10. www.lanticteatre.com. Metrô: Urquinaona. Mapa pág. 122.*

★★★ **Teatre Mercat de Les Flors** MONTJUÏC Embora a estrutura remonte à Exposição Universal de 1929, a primeira apresentação neste teatro foi *Carmen*, encenada em 1983. A casa abriga respeitadas companhias de teatro, dança e música e algumas vezes sedia festivais de arte. O restaurante do terraço oferece lindas vistas da cidade. *c/ Lleida 59. ☎ 93-426-18-75. www.mercatflors.org. Ingressos a preços variados. Metrô: Espanya.*

★★ **Teatre Nacional de Catalunya** POBLE NOU Este teatro pseudo-romano, obra do arquiteto Ricardo Bofill, abriga uma importante companhia catalã, que encena espetáculos clássicos e contemporâneos, como peças de autores como Tom Stoppard, Oscar Wilde e Harold Pinter, além de dança moderna. Salvo raras exceções, os espetáculos são apresentados em catalão. *Plaça de les Arts 1. ☎ 93-306-57-06. www.tnc.es. Ingressos €5-32. Metrô: Plaza de les Glòries. Mapa pág. 122.*

9 A melhor hospedagem

Endereços de **destaque**

Hotéis românticos
★★★ Hotel Neri $$$ *c/ Sant Sever 5 (pág. 142)*

★★★ Relais d'Orsa $$$ *Mont d'Orsa 35 (pág. 144)*

Candidatos a aristocratas
★★ Hotel Palace Barcelona $$$$ *Gran Vía de les Corts Catalanes 668 (pág. 142)*

Para executivos
★★★ Hotel Arts $$$$ *c/ de la Marina 19-21 (pág. 139)*

Causa nobre
★★ Hispanos Siete Suiza $$ *c/ Sicilia 255 (pág. 138)*

Design de vanguarda
★★★ Hotel Omm $$$$ *c/ Rosselló 265 (pág. 142)*

★★ Diagonal $$$ *Av. Diagonal 205 (pág. 137)*

Hotel com museu
★★★ Hotel Claris $$$$ *c/ Pau Claris 150 (pág. 140)*

Melhor atendimento
★★★ Prestige Paseo de Gràcia $$$ *Pg. de Gràcia 62 (pág. 143)*

Localização na Ciutat Vella
★★★ Hotel Neri $$$ *c/ Sant Sever 5 (pág. 142)*

Melhores restaurantes
★ Hotel Condes de Barcelona $$$ *Pg. de Gràcia 73-75 (pág. 140)*

★★★ Hotel Omm $$$$ *c/ Rosselló 265 (pág. 142)*

Hotel para gays
★★ Hotel Axel $$$ *c/ Aribau 33 (pág. 139)*

Hotéis tipo butique
★★★ Constanza $$ *c/ Bruc 33 (pág. 137)*

***Página anterior:* quarto do Hotel 1898.**

★★★ Duquesa de Cardona $$$ *Pg. Colom 12 (pág. 137)*

Design a preço acessível
★★ Hotel Banys Orientals $$ *c/ L'Argenteria 37 (pág. 139)*

Vistas para a cidade
★★★ Relais d'Orsa $$$ *Mont d'Orsa 35 (pág. 144)*

★★★ Gran Hotel La Florida $$$$ *Carretera de Vallvidrera 83-93 (pág. 138)*

Vistas para o mar
★★★ Hotel Arts $$$$ *c/ de la Marina 19-21 (pág. 139)*

Para famílias
★★ Hispanos Siete Suiza $$ *c/ Sicilia 255 (pág. 138)*

Piscina na cobertura
★★ Grand Hotel Central $$$ *Vía Laietana 30 (pág. 138)*

Hospedagem charmosa
★★ Gat Xino $ *c/ Hospital 155 (pág. 138)*

Luxo total
★★★ Relais d'Orsa $$$$ *Mont d'Orsa 35 (pág. 144)*

Palácio
★★★ Gran Hotel La Florida $$$$ *Carretera de Vallvidrera 83-93 (pág. 138)*

Spa
★★★ Hotel Arts $$$$ *c/ de la Marina 19-21 (pág. 139)*

★★★ Gran Hotel La Florida $$$$ *Carretera de Vallvidrera 83-93 (pág. 138)*

Hotel modernista
★★★ Hotel Casa Fuster $$$$ *Pg. de Gràcia, 132 (pág. 140)*

Descontração
★★ Casa Camper $$$ *c/ Elisabets 11 (pág.136)*

L'Eixample

Constanza **18**
Diagonal **10**
Duques de Bergara **14**
Fashion House B&B **19**
Gran Hotel La Florida **2**
Hispanos Siete Suiza **20**
Hostal Goya **15**
Hotel Apsis Atrium Palace **16**
Hotel Astoria **3**
Hotel Axel **11**
Hotel Casa Fuster **4**
Hotel Claris **8**
Hotel Condes de Barcelona **6**
Hotel Jazz **13**
Hotel Majestic **7**
Hotel Omm **5**
Hotel Palace Barcelona **17**
Prestige Paseo de Gracia **9**
Pulitzer **12**
Relais d'Orsa **1**

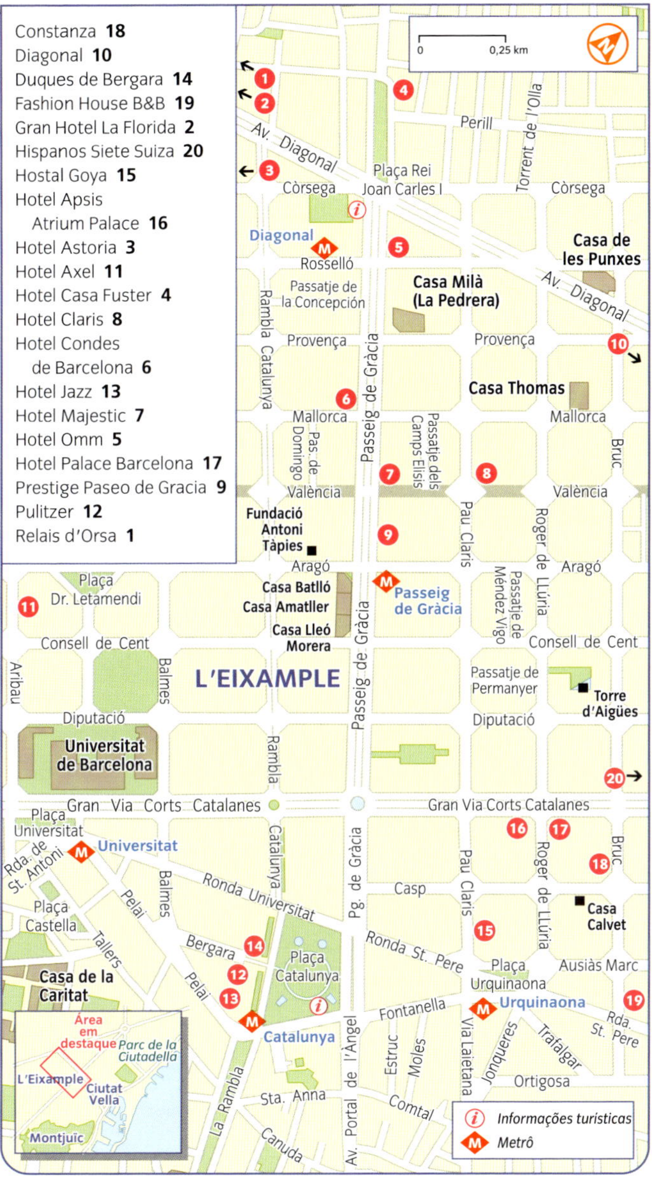

Ciutat Vella e Beira-mar

AC Miramar **13**
Casa Camper **2**
Ciutat Barcelona Hotel **19**
Duquesa de Cardona **15**
Gat Xino **1**
Grand Hotel Central **6**
H10 Racó Del Pi **9**
Hotel Arts **20**
Hotel Banys Orientals **16**
Hotel Barcelona Catedral **5**
Hotel Barcino **14**
Hotel Colón **7**
Hotel 1898 **3**
Hotel España **12**
Hotel Neri **8**
Jardí **10**
Marina Folch **17**
Montecarlo **4**
Park Hotel **18**
Petit Palace Opera Garden Ramblas **11**
Vincci Marítimo Hotel **21**

Barrios Altos

Hospedagem

★ **AC Miramar** MONTJUÏC Instalado em plena colina de Montjuïc e perto do parque, proporciona lindas vistas para a cidade e o Mediterrâneo. Este palácio erguido nos anos 1920 foi reformado e transformado em hotel somente em 2006. A obra acrescentou uma ala nova, que alguns consideram magnífica, enquanto outros acham demasiadamente ousada. O resultado é uma elegante mistura de detalhes antigos com decoração moderna. Tem jardins e piscinas (cobertas e descobertas). *Plaça Carlos Ibáñez 3. ☎ 902-29-22-95 ou 93-281-16-00. www.ac-hoteles.com. 75 quartos. Casal €195-385. AE, DC, MC, V. Metrô: Paral.lel ou Drassanes. Mapa pág. 134.*

★★ **Casa Camper** RAVAL Se você adora os sapatos da marca Camper, este hotel peculiaríssimo tem tudo para lhe agradar. A estética jovial e animada característica dos calçados foi criativamente transposta para o ambiente – embora as diárias sejam um pouco altas para a localização do hotel e para seu jovem público-alvo. *c/ Elisabets 11. ☎ 93-295-79-00. www.camper.com/web/en/casacamper.asp. 25 quartos. Casal €210-245. AE, DC, MC, V. Metrô: Catalunya ou Liceu. Mapa pág. 134.*

Quarto do Duquesa de Cardona.

★ **Ciutat Barcelona Hotel** LA RIBERA Boa relação custo-benefício neste hotel de decoração serena e preços razoáveis. Mas a grande atração do estabelecimento é a localização, bem perto do Museu Picasso. Quartos despojados e com visual contemporâneo e boa piscina na cobertura. *c/ de la Princesa 35. ☎ 93-269-74-75. www.ciutatbarcelona.com. 78 quartos. Casal €100-120. AE, DC, MC, V. Metrô: Arc de Triomf ou Jaume I. Mapa pág. 134.*

★★★ **Constanza** L'EIXAMPLE Ideal para viajantes que não querem pagar uma fortuna para se hospedar em Barcelona. Os quartos não são grandes, mas oferecem conforto em localização preciosa: dá para ir a pé até a Plaça de Catalunya. Alguns quartos têm varanda. *c/ Bruc 33. ☎ 93-270-19-10. www.hotelconstanza.com. 20 quartos. Casal €120. AE, MC, V. Metrô: Urquinaona. Mapa pág. 133.*

★★ **Diagonal** L'EIXAMPLE/GRÀCIA Para quem gosta de modernidade e ousadia arquitetônica, este hotel erguido em 2004 não decepciona. Moderno e divertido, leva a preocupação com design muito a sério. Fica perto da Torre Agbar, e alguns quartos dão vista para a Sagrada Família. *Av. Diagonal 205. ☎ 93-489-53-00. www.hoteles-silken.com. 240 quartos. Casal €210-240. AE, DC, MC, V. Metrô: Catalunya ou Liceu. Mapa pág. 133.*

★★★ **Duquesa de Cardona** BEIRA-MAR Elegante hotel próximo à marina. Originalmente um palácio do século 19, tem requinte e charme. Mas o que o diferencia é a cobertura com piscina e vista para o porto. *Pg. Colom 12. ☎ 866/376-7831 ou 93-268-90-90. www.hduquesadecardona.com. 44 quartos. Casal €185-285. AE, DC, MC, V. Metrô: Jaume I ou Drassanes. Mapa pág. 134.*

★ **Duques de Bergara** L'EIXAMPLE Esta casa modernista erguida em 1898 preserva belos detalhes originais. Com amplos banheiros de mármore e quartos confortáveis, é uma boa opção de hospedagem em L'Eixample. *c/ Bergara 11. ☎ 93-301-51-51. www.hoteles-catalonia.es. 149 quartos. Casal €180-250. AE, DC, MC, V. Metrô: Catalunya. Mapa pág. 133.*

No Casa Camper, não faltam detalhes charmosos e bem-humorados.

★ Fashion House B&B L'EIXAMPLE Um dos raros *bed and breakfast* de Barcelona, é confortável e funciona numa casa do século 19 muito bem reformada, com ampla área comum. Boa opção para hospedagem econômica. Os banheiros são coletivos e há a opção de suítes para famílias. *c/ Bruc 13. ☎ 93-790-40-44. www.bcn-fashionhouse.com. 35 quartos. Casal €70-95, com café da manhã. MC, V. Metrô: Urquinaona. Mapa pág. 133.*

★★ Gat Xino RAVAL A pouca disponibilidade de euros para se hospedar não significa ausência de estilo. Mais do que um albergue, esta hospedaria é disputada por famílias, profissionais do mundo do design e da moda e viajantes com orçamento reduzido. Nos ambientes predomina o tom verde vistoso, e o destaque é a cobertura. Outro hotel do grupo, o Gat Raval (c/ Joaquín Costa 4; ☎ 93-481-66-70), fica na mesma região, mas tem menos charme e é mais barato (alguns quartos têm banheiro privativo). *c/ Hospital 149-155. ☎ 93-324-88-33. ww.gataccommodation.com. 35 quartos. Casal €84-90 com café da manhã. MC, V. Metrô: Liceu. Mapa pág. 134.*

★★ Grand Hotel Central LA RIBERA Instalado numa mansão de 1926 que pertenceu a uma antiga família catalã, o hotel passou por reforma cuidadosa e hoje oferece luxo e modernidade. Nos quartos, decoração em tons suaves. Para os privilegiados hóspedes, a opção é mergulhar na piscina da cobertura do Grand Hotel Central, apreciando a vista do Barri Gòtic e do mar. *Vía Laietana 30. ☎ 93-295-79-00. www.grandhotelcentral.com. 147 quartos. Casal €185-275. AE, DC, MC, V. Metrô: Arc de Triomf ou Jaume I. Mapa pág. 134.*

★★★ Gran Hotel La Florida MT. TIBIDABO Situado numa região alta, este hotel instalado em um antigo palácio é refúgio para quem pode descansar com luxo. Tem magníficas vistas para a cidade e o mar, mas a localização afastada compromete, se a ideia for explorar Barcelona. As instalações originais datam da década de 1920, mas os acréscimos (spa, piscina imensa e quartos assinados por designers) deram o toque de modernidade. *Carretera Vallvidrera (Tibidabo) 83-93 (a 7 km de Barcelona). ☎ 93-259-30-00. www.hotellaflorida.com. 74 quartos. Casal €320-610. AE, DC, MC, V. Mapa pág. 133.*

★★ Hispanos Siete Suiza L'EIXAMPLE Apart-hotel com todos os confortos de um hotel de ponta, o Suiza é ideal para famílias ou para estadias longas. Os apartamentos na parte histórica têm dois quartos, banheiros, sala e cozinha. O restaurante conta com a supervisão do *chef* Carles Gaig. Parte do lucro do estabelecimento é doada a uma instituição de apoio a doentes de câncer, fundada pelo proprietário original da casa. *c/ Sicilia 255. ☎ 93-208-20-51. www.hispanos7suiza.com. 19 quartos. Casal €140-195, com café da manhã. AE, DC, MC, V. Metrô: Sagrada Família. Mapa pág. 133.*

★ Hostal Goya L'EIXAMPLE Este *hostal* de localização central e diárias com preços razoáveis é pequeno mas acolhedor. Os melhores (e também mais silenciosos) quartos ficam na ala principal, mais nova. O local atrai sobretudo hóspedes jovens interessados em ficar perto da agitação da cidade. *c/ Pau Claris 74. ☎ 93-302-25-65. www.hostalgoya.com. 19 quartos. Casal €60-80. MC, V. Metrô: Urquinaona ou Catalunya. Mapa pág. 133.*

★★ **Hotel Apsis Atrium Palace** L'EIXAMPLE Charmoso hotel de design, aposta em modernidades como boas instalações para quem viaja a negócios. Tem piscina coberta e quartos grandes e confortáveis, o que torna a diária bastante razoável. *Gran Vía de les Corts Catalanes 656. ☎ 93-342-80- 00. www.hotel-atriumpalace.com. 71 quartos. Casal €120-190. AE, DC, MC, V. Metrô: Passeig de Gràcia ou Catalunya. Mapa pág. 133.*

★★★ **Hotel Arts** BEIRA-MAR Instalado em um dos três únicos arranha-céus da cidade, este hotel de luxo fica de frente para o mar. Atendimento eficiente e cordial, como se pode esperar de estabelecimentos da rede Ritz-Carlton, o que atrai celebridades e executivos. A piscina aberta, o spa com vista para a marina e o restaurante do elogiado *chef* Sergi Arola contribuem para a fama daqui. *c/ de la Marina 19-21. ☎ 800/241-3333 ou 93-221-10-00. www.ritzcarlton.com/hotels/barcelona. 482 quartos. Casal €350-800. AE, DC, MC, V. Metrô: Ciutadella-Vila Olímpica. Mapa pág. 134.*

Quem se hospeda no Hotel Arts tem uma linda vista da praia.

★ **Hotel Astoria** L'EIXAMPLE Erguido na década de 1950 e totalmente reformado, este integrante da rede hoteleira Derby (também proprietária do Hotel Claris) é elegante sem perder a descontração. Um dos melhores da cidade, tem instalações com decoração agradável, além de sauna e piscina na cobertura. Situado na extremidade norte do bairro de L'Eixample, permite chegar a pé a vários restaurantes e atrações próximas ao Passeig de Gràcia. *c/ París 203. ☎ 93-209-83-11. www.derbyhotels.es. 115 quartos. Casal €140-195. AE, DC, MC, V. Metrô: Diagonal. Mapa pág. 133.*

★★ **Hotel Axel** L'EIXAMPLE Este hotel de tamanho intermediário preenche um nicho específico e atende a uma clientela gay internacional (a região na qual está instalado foi apelidada pelos barceloneses como "gayxample"). Apesar da decoração com arte erótica, também hospeda heterossexuais. Quartos elegantes, com instalações de qualidade, bar de coquetéis, piscina na cobertura e um deque para tomar sol. *c/ Aribau 33. ☎ 93-323-93-93. www.hotelaxel.com. 66 quartos. Casal €137-226. AE, DC, MC, V. Metrô: Universitat. Mapa pág. 133.*

★★ **Hotel Banys Orientals** LA RIBERA Um dos pioneiros na categoria dos hotéis tipo butique, mas com diárias mais acessíveis, este estabelecimento é bastante disputado, dada sua excelente localização, perto de El Born. Quartos pequenos porém chiques. Quem pretende dormir com sossego, no entanto, deve pedir para se hospedar nos fundos do hotel, pois a região é barulhenta. *c/ L'Argenteria 37. ☎ 93-268-84-60. www.hotebanysorientals.com. 43 quartos. Casal €100. AE, DC, MC, V. Metrô: Jaume I. Mapa pág. 134.*

Uma das suítes do Banys Orientals, pioneiro local entre os hotéis tipo butique.

★ **Hotel Barcelona Catedral** BARRI GÒTIC Um dos hotéis mais recentes na parte antiga de Barcelona, fica bem perto da catedral. Apesar de moderno, as diárias são razoáveis. Alguns atrativos daqui: a piscina, a cobertura e o acesso *wireless* à internet, além de aulas de culinária, degustação de vinhos e passeios guiados pelo Barri Gòtic. *c/ Capellans 4.* ☎ *93-304-22-55. 80 quartos. Casal €120-160. AE, DC, MC, V. Metrô: Jaume 1. Mapa pág. 134.*

★ **Hotel Barcino** BARRI GÒTIC Muito bem localizado no centro da Ciutat Vella e perto da Plaça Jaume I, este hotel de tamanho médio é bem-cuidado e agradável. Há que se ter sorte, porém, para conseguir um quarto com varanda e linda vista para a catedral. *Plaça Jaume I, 6.* ☎ *93-302-20-12. www.hotelbarcino.com. 53 quartos. Casal €225. AE, DC, MC, V. Metrô: Jaume I ou Catalunya. Mapa pág. 134.*

★★★ **Hotel Casa Fuster** GRÀCIA Transformada em hotel de luxo em 2004, a Casa Fuster, instalada em uma das construções modernistas mais importantes da cidade, tem tudo para impressionar. Após a reforma, o ar nostálgico convive com algumas modernidades, como piscina, restaurante, bar, lounge e business *center*. *Pg. de Gràcia, 132.* ☎ *902-20-23-45 ou 93-255-30-00. www.hotelcasafuster.com. 105 quartos. Casal €380-475. AE, DC, MC, V. Metrô: Diagonal. Mapa pág. 133.*

★★★ **Hotel Claris** L'EIXAMPLE Este hotel tem seus hóspedes habituais, graças à combinação de design moderno com uma fachada que remonta ao século 19 (além de museu privativo sobre arte egípcia). Os cômodos surpreendem (alguns são dúplex) e oferecem sofisticação. Na cobertura, uma piscina pequena e lindas vistas para o bairro de L'Eixample. *c/ Pau Claris 150.* ☎ *90-099-00-11 ou 93-487-62-62. www.derbyhotels.com. 120 quartos. Casal €300-395. AE, DC, MC, V. Metrô: Passeig de Gràcia. Mapa pág. 133.*

Hotel Colón BARRI GÒTIC Com magnífica localização em frente à catedral, este hotel oferece hospedagem à moda antiga. Alguns quartos do 6º andar têm varanda e permitem apreciar lindas vistas. Como se pode esperar, os cômodos do fundo são mais silenciosos. *Av. de la Catedral 7.* ☎ *800/845-0636 ou 93-301-14-04. www.hotelcolon.es. 145 quartos. Casal €250. AE, DC, MC, V. Metrô: Jaume I. Mapa pág. 134.*

★ **Hotel Condes de Barcelona** L'EIXAMPLE Com excelente localização no Passeig de Gràcia, esta mansão do final do século 19 é elegante e imponente, mas o anexo instalado do outro lado da rua não tem o mesmo charme. A chegada do elogiado *chef* basco Martin Berasategui ao restaurante da casa, o Lasarte, conferiu animação ao hotel. ***Pg. de Gràcia 73-75. ☎ 93-488-22-00. www.condesdebarcelona.com. 183 quartos. Casal €175-350. AE, DC, MC, V. Metrô: Passeig de Gràcia. Mapa pág. 133.***

★★ Hotel 1898 LA RAMBLA Este hotel amplo, inaugurado em 2002, está instalado em uma construção do final do século 19 que já acomodou a sede da empresa Philippine Tobacco. Cuidadosamente reformado, exibe obras de arte e muitas cores, mas o que impressiona é a piscina subterrânea, cercada de arcos de tijolo. ***La Rambla 109 (entrada pela Pintor Fortuny). ☎ 93-552-95-52. www.nnhotels.es. 169 quartos. Casal €165-370. AE, DC, MC, V. Metrô: Catalunya ou Liceu. Mapa pág. 134.***

Hotel España RAVAL Situado na região menos badalada da Rambla, este hotel antigo e clássico é famoso pelo saguão e pela sala de jantar, ambos projetados pelo arquiteto modernista Domènech i Montaner. Os quartos são simples. A região passa por transformações, mas ainda é calma o bastante para proporcionar uma boa noite de sono. ***c/ Sant Pau 11. ☎ 93-318-17-58. www.hotelespanya. com. 60 quartos. Casal €100 com café da manhã. AE, DC, MC, V. Metrô: Liceu ou Drassanes. Mapa pág. 134.***

★ Hotel Jazz L'EIXAMPLE Em plena esquina com La Rambla, o Hotel Jazz atende a uma ampla clientela internacional, formada sobretudo por jovens. O saguão é rico em vidro e tem piso de madeira. Os quartos são modestos, mas com isolamento acústico. Destaque para a piscina instalada na cobertura. ***c/ Pelai 3. ☎ 93-552-96-96. www.nnhotels.es. 180 quartos. Casal €14-195. AE, DC, MC, V. Metrô: Catalunya ou Universitat. Mapa pág. 133.***

★ Hotel Majestic L'EIXAMPLE Com excelente localização, em pleno Passeig de Gràcia, o Hotel Majestic segue como um dos mais conhecidos da cidade. Oferece quartos amplos e decorados com cores vivas. É uma opção bastante procurada por excursões de estrangeiros, o que pode dar a impressão de impessoalidade. Abriga um restaurante respeitado porém caríssimo, o Drolma. ***Pg. de Gràcia 68. ☎ 93-488-17-17. www.hotelmajestic.es. 303 quartos. Casal €200-375. AE, DC, MC, V. Metrô: Passeig de Gràcia. Mapa pág. 133.***

Piscina subterrânea do Hotel 1898.

Elegância e excelente localização são as marcas do Hotel Neri.

★★★ Hotel Neri BARRI GÒTIC Luxuoso palácio em estilo gótico, acomodado na graciosa Plaça Felip Neri. Pequeno mas sofisticado, tem toques de elegância, como cortinas de veludo, e um restaurante e café com vistas para a praça. Verdadeiro achado na Ciutat Vella, costuma cativar os hóspedes. *c/ Sant Sever 5. ☎ 93-304-06-55. ww.hotelneri.com. 22 quartos. Casal €180-225. AE, DC, MC, V. Metrô: Jaume I. Mapa pág. 134.*

★★★ Hotel Omm L'EIXAMPLE Hotel mais badalado de Barcelona atualmente, é quase um templo do design em estilo zen e atende a uma clientela sofisticada. O restaurante do hotel, Moo (pág. 104) é um dos melhores da cidade. Os loucos por design se sentem no paraíso ao entrar aqui. Da piscina instalada na cobertura, pode-se apreciar nada menos que La Pedrera. *c/ Rosselló 265. ☎ 93-445-40-00. www.hotelomm.es. 59 quartos. Casal €320-375. AE, DC, MC, V. Metrô: Diagonal. Mapa pág. 133.*

★★ Hotel Palace Barcelona L'EIXAMPLE Embora este hotel em estilo Art Nouveau erguido em 1919 tenha mudado de nome, muitos ainda se referem a ele como Ritz, talvez porque a elegância e a riqueza do passado permaneçam visíveis. O atendimento é impecável; áreas comuns imensas e aristocráticas e quartos espaçosos e clássicos. O restaurante Caelis, com um *chef* novo, tem ganhado cada vez mais destaque. *Gran Vía de les Corts Catalanes 668. ☎ 93-318-52-00. www.hotelpalacebarcelona.com. 122 quartos. Casal €400-585. AE, DC, MC, V. Metrô: Passeig de Gràcia. Mapa pág. 133.*

★ H10 Racó Del Pi BARRI GÒTIC Integrante de uma nascente rede hoteleira barcelonesa, este hotel pequeno e gracioso tem excelente localização: ocupa construção histórica numa das ruas mais charmosas do Barri Gòtic. Quartos de tamanho moderado, sem excessos.

O minimalismo dá o tom da decoração do Hotel Omm.

Plaça del Pi 7. ☎ 93-342-61-90. www.hotelracodelpi.com. 37 quartos. Casal €195. AE, DC, MC, V. Metrô: Jaume I ou Liceu. Mapa pág. 134.

Jardí BARRI GÒTIC Opção simples e descontraída, este hotel pequeno fica muito bem situado, perto de duas das *plazas* mais belas da Ciutat Vella. Quartos um pouco austeros, mas alguns têm varanda. *Plaça Sant Josep Oriol 1. ☎ 93-301-59-00. hoteljardi@retemail.es. 40 quartos. Casal €80-100. MC, V. Metrô: Liceu. Mapa pág. 134.*

Marina Folch BEIRA-MAR Quem quer se hospedar perto da praia sem arrombar o orçamento encontra boa opção nesta hospedaria situada na Barceloneta. Quartos confortáveis; dos que têm sacada dá para ver o porto. *Mar 16. ☎ 93-310-37-09. 10 quartos. Casal €50-65. AE, DC, MC, V. Metrô: Barceloneta. Mapa pág. 134.*

★ **Montecarlo** LA RAMBLA Esta majestosa construção do século 19 funciona como hotel desde 1945. Preservou detalhes originais, como as portas de madeira entalhada, uma lareira ao estilo antigo e candelabros de cristal. Os quartos têm tamanho médio e decoração tradicional mas suave. *La Rambla 124. ☎ 93-412-04-04. www.montecarlobcn.com. 55 quartos. Casal €160-340. AE, DC, MC, V. Metrô: Catalunya. Mapa pág. 134.*

Park Hotel LA RIBERA Este hotel situado no limite de El Born é um curioso exemplo arquitetônico, destacado pela escadaria em espiral e pelo bar do saguão, coberto de mosaicos. Os quartos são pequenos. *Av. Marquès de l'Argentera 11. ☎ 93-319-60-00. www.parkhotelbarcelona.com. 91 quartos. Casal €110-190. AE, DC, MC, V. Metrô: Barceloneta ou Jaume I. Mapa pág. 134.*

Luxuoso saguão do Hotel Palace Barcelona.

★ **Petit Palace Opera Garden Ramblas** LA RAMBLA Um dos hotéis mais novos de Barcelona, faz parte de famosa rede hoteleira espanhola. Fica perto da Rambla e bem próximo ao mercado de La Boquería. Nos quartos, o hóspede encontra laptops com conexão à internet (uso incluído na diária). *c/ La Boquería 10. ☎ 93-302-00-92. www.hthoteles.com. 69 quartos. Casal €95-200. Metrô: Liceu. Mapa pág. 134.*

★★★ **Prestige Paseo de Gracia** L'EIXAMPLE Este refinado hotel tipo butique fica em área nobre, mas a parte interna se destaca pelo minimalismo. Os quartos seguem o estilo zen e alguns têm um pequeno jardim na varanda. Instalações impecáveis, com destaque para o atendimento. *Pg. de Gràcia 62. ☎ 93-272-41-80. www.prestigepaseodegracia.com. 45 quartos. Casal €210-270. AE, DC, MC, V. Metrô: Diagonal ou Passeig de Gràcia. Mapa pág. 133.*

★★ **Pulitzer** L'EIXAMPLE Animado e elegante, o Pulitzer é acessível para um hotel com suas

O atendimento é destaque no Prestige Paseo de Gràcia.

instalações e design. Relativamente recente, dá para entender por que fez sucesso. Com elegante bar de coquetéis e charmosa cobertura iluminada por velas, concorre com frequência a prêmios de design. *c/ Bergara 8. ☎ 93-481-6767. www.hotelpulitzer.es. 91 quartos. Casal €150-225. AE, DC, MC, V. Metrô: Catalunya. Mapa pág. 133.*

★★★ **Relais d'Orsa** MT. TIBIDABO Este hotel minúsculo, mas impressionante, está instalado num magnífico palácio de 1900, muito bem reformado e com vistas para a cidade. Romântico, parece ter saído das páginas de uma revista de decoração – mas só é indicado para quem quer trocar conveniência por luxo e tranquilidade. Os dois quartos da frente têm balcões e vistas sem igual. *Mont d'Orsa, 35. ☎ 93-406-94-11. 6 quartos. Casal €220. AE, DC, MC, V. Metrô: trem FGC, Vallvidrera. Mapa pág. 133.*

★ **Vincci Marítimo Hotel** BEIRA-MAR (POBLE NOU) Situado em uma parte da cidade totalmente remodelada e perto da praia de Mar Bella, este hotel futurista ousa no design e aposta na abundância de vidros, madeiras claras e aço escovado. Ideal para quem pretende explorar as praias menos disputadas. *c/ Llull 340. ☎ 902-45-45-85 ou 93- 356-26-00. www.vinccihoteles.com. 144 quartos. Casal €140-190. AE, DC, MC, V. Metrô: Poble Nou. Mapa pág. 134.*

10 O melhor dos **arredores**

Montserrat

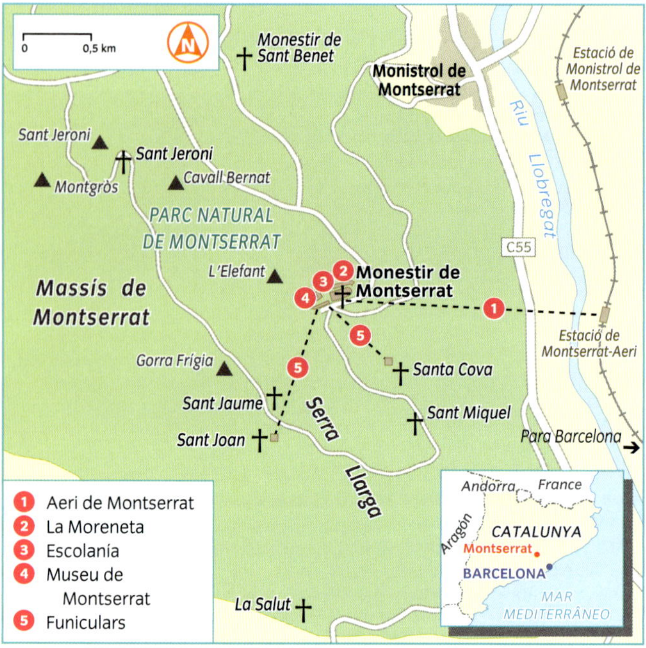

Montserrat ("monte serreado") é apreciado destino para passeios de um dia. Situado a 50 km de Barcelona, abriga um mosteiro beneditino e a imagem de La Moreneta, a Virgem Negra padroeira da Catalunha. Concorrido nas datas religiosas, o lugar costuma lotar nas festividades de 27 de abril e 8 de setembro.

1 ★★ Aeri de Montserrat. O modo mais panorâmico de apreciar Montserrat é a partir do bondinho, que se conecta (na ida e na volta) com o trem FGC que sai de Barcelona. ***Bilhetes €8 ida e volta; €5 só um trajeto.***

2 ★ La Moreneta. O mosteiro beneditino, encravado nas encostas do monte, a 1.219 m de altura, protege a famosa imagem da Virgem Negra. Segundo a lenda,

Página anterior: Mosteiro de Montserrat.

Vista do Mosteiro de Montserrat, nas encostas do monte.

a santa, que teria sido esculpida por são Lucas em 50 a.C. foi descoberta no século 12.

3 ★★ **Escolanía.** Um dos corais de meninos mais antigos da Europa (remonta ao século 14) se apresenta de segunda a sexta-feira às 13h e de segunda a quinta-feira às 18h45. Nos domingos e feriados religiosos, o coral se apresenta nas missa do meio-dia e às 18h45.

4 **Museu de Montserrat.** O museu que funciona ao lado do mosteiro exibe pinturas de artistas como Caravaggio, Degas, Monet e El Greco, além de algumas obras de Picasso e Dalí. *Plaça de Santa María s/n. ☎ 93-877-77-77. Ingresso €6,50. Seg-sex 10h-18h45.*

5 ★ **Funiculars.** Um sistema de bondinhos leva até o pico de **Sant Joan**, onde há uma pequena ermida. As vistas são lindas, mas a única forma de chegar à Ermida de **Sant Jeroni** é a pé (45 minutos). Outro bonde leva até a **Santa Cov**, uma capela do século 17 em forma de cruz, local onde a imagem de La Moreneta teria sido encontrada. *Ingresso de ida e volta €7,30; os bilhetes Tot Montserrat e TransMontserrat incluem esse trajeto.*

Bondinho em Montserrat.

Aspectos práticos: Montserrat

O ingresso **Tot Montserrat** (€35) inclui a passagem de trem, o ingresso do museu, bilhetes para os bondinhos e almoço no restaurante de Montserrat. Já o do **TransMontserrat** (€21) corresponde apenas ao trem e aos bondinhos. Os trens partem da Estació Plaça d'Espanya, em Barcelona (☎ 93-205-15-15; www.fgc.net; metrô Espanya). Quem preferir ir de carro deve seguir pela A-2 sentido Tarragona e Martorell, ou pela Barcelona-Terrassa via Túneles de Vallvidreda. O **posto de informação turística** fica na Plaça de la Creu s/n; ☎ 93-877-77-77.

Sitges

Para quem quer passar um dia diferente ou pernoitar fora de Barcelona, uma boa opção é Sitges, a 35 km da capital catalã. Situada na Costa Daurada, é um antigo centro cultural e intelectual, apreciado por pintores como Santiago Rusiñol e Salvador Dalí, além do poeta Federico García Lorca. Mas não espere a paz de uma praia deserta: Sitges é badalado destino do turismo gay.

1 ★★ Museu Cau Ferrat. A antiga casa do artista Rusiñol é um templo de obras do período modernista e abriga pinturas de El Greco, Ramón Casas e Ignacio Zuloaga, entre outros. O próprio morador doou seu acervo pessoal ao museu. A casa serviu como refúgio de boêmios desde o final do século 19 até a morte de Rusiñol, em 1931. Vale vir aqui nem que seja só para conhecer a área. *c/ del Fonollar s/n. ☎ 93-894-03-64. Ingressos €3. Ter-dom 10h-14h e 17h-21h.*

2 ★ Museu Maricel del Mar. Esta mansão erguida no início do século 20, que já foi residência do pintor Ramon Casas e de Charles Deering, abriga um acervo de obras românicas e góticas, além de esculturas, desenhos e cerâmicas modernistas. *c/ del Fonollar s/n. ☎ 93-894-03-64. Ingressos €3. Diariam. 10h-13h e 16h-18h.*

Sala do Museu Cau Ferrat.

3 **Cafe-Bar Roy.** Bom lugar para parar, tomar um café ou um *cava* com *tapas*. Ao estilo antigo, oferece mesas de mármore, azulejos pintados à mão e detalhes em estilo Art Nouveau (além de acesso à internet). *c/ de les Parellades 9. ☎ 938-11-00-52. $.*

4 ★★ **Praias.** A grande atração de Sitges são suas 17 praias. As que ficam no centro da cidade e na ponta leste são as mais tranquilas. As mais disputadas são **Aiguadolç** e **Balmins**. **Sant Sebastià** e **La Fragata** são conhecidas como destino de famílias, o que não vale para as praias mais a oeste. Jovens preferem **La Ribera**, e, mais a oeste, há alguns destinos como a **Platges del Mort**, que atrai banhistas mais ousados, como nudistas e grupos de gays.

5 ★ **Vida noturna.** No centro da cidade, o **Carrer Sant Bonaventura**, a 5 minutos a pé da praia, concentra os principais endereços das baladas gays. O **Mediterráneo**, c/ Sant Bonaventura 6 (não tem telefone), é a maior disco do gênero. Uma das festas mais conhecidas do país é o **Carnaval** de Sitges, comemorado na semana anterior à Quaresma.

Aspectos práticos: Sitges

Os trens para Sitges saem da Estació Sants, em Barcelona (☎ 902-24-02-02; www.renfe.es). De carro, pegue a C-246 ou a rodovia A-7 (40 km ao sul de Barcelona; trajeto de uma hora). O **posto de informação turística** (☎ 93-894-42-51; www.sitgestour.com) fica na c/ Sínia Morera 1. O ingresso combinado (€6,40; estudantes €3,50) dá acesso a todos os museus de Sitges.

Onde ficar: o **Hotel Romàntic de Sitges**, c/ de Sant Isidre 33 (☎ 93-894-83-75; www.hotelromantic.com; casal €85-95) ocupa três casas do século 19 decoradas com obras de arte e está localizado bem perto da praia. O **El Xalet**, Isla de Cuba 33-35 (☎ 93-811-00-70) ocupa uma casa modernista com móveis originais e situa-se no centro da cidade (mas dá para ir para a praia a pé).

Onde comer: dois bons restaurantes situados no Paseo de la Ribera são **El Velero de Sitges**, no nº 38 (☎ 93-894-20-51), e **Mare Nostrum**, no nº 60 (☎ 93-894-33-93).

Girona

A uma hora de distância de Barcelona fica Girona, uma importante cidade histórica. A linda parte antiga está entre as mais belas do país. Fundada para ser entreposto romano e com vestígios das presenças romana, moura e judaica, o centro da cidade é um conjunto de estreitas ruas pavimentadas com pedra, vielas escuras e os medievais arcos de El Call, antigo bairro judaico. Agitada durante o dia, a região ganha serenidade com o cair da noite. Apesar de ser uma das cidades mais ricas da Espanha, Girona preserva a fama de simpática representante da Catalunha.

1 ★★★ **El Call.** Durante mais de seis séculos, Girona acomodou uma próspera comunidade judaica, que viveu ali até a expulsão ocorrida em 1492. O bairro judaico (em catalão, El Call), conjunto de ruas estreitas e escuras cravadas na parte antiga, é considerado um dos guetos mais preservados da Europa Ocidental. O Carrer de la Força é a principal via da cidade, com construções erguidas nos séculos 13 a 15. O **Museu d'Historia dels Jueus** é um bem-preservado centro que abriga os registros da população judaica de Girona. A última sinagoga conhecida na cidade, construída no século 15, faz parte do museu. *c/ de la Força 8. ☎ 972-21-67-61. www.ajuntament.gi/call. Ingresso ao*

Rua de El Call, bairro judaico de Girona.

museu: €2 adultos, €1,50 estudantes e idosos. Mai-out: seg-sáb 10h-20h, dom 10h-15h; nov-abr: seg-sáb 10h-18h e dom 10h-15h.

2 ★ Banys Àrabs. Estas termas árabes, que remontam ao século 12, são um dos raros vestígios da herança moura em Girona. Recuperadas na década de 1920, as termas em estilo românico estão entre as mais bem-preservadas da Espanha. *c/ Ferran el Católic s/n. ☎ 972-21-32-62. www.banysarabs.org. Ingressos €1,60 adultos, €0,80 idosos e estudantes. Abr-set: seg-sáb 10h-19h e dom 10h-14h: out-mar diariam. 10h-14h.*

3 ★ Catedral. Uma escadaria barroca leva até a imponente Catedral de Girona, um dos destaques da cidade. O claustro e a torre são os únicos elementos da construção original, erguida no início do século 11 em estilo românico. A nave única é a mais larga em estilo gótico existente no mundo. Entre os tesouros da igreja, o destaque é o magnífico acervo de arte sacra. Para muitos, porém, a peça mais importante é a tapeçaria *A Criação*, elaborada no século 11 ou 12. Esta obra-prima bordada representa animais e seres humanos no Jardim do Éden. *Plaça de la Catedral. ☎ 972-21-44-26. Ingressos (claustro e museu) €3,50. Out-fev: ter-sáb 10h-14h e 16h-18h; mar-jun: ter-sáb 10h-14h e 16h-19h; jul-set: ter-sáb 10h-20h.*

4 ★ Muralhas romanas. Para obter belas vistas da parte antiga da cidade, caminhe ao longo da antiga muralha romana, um trecho com cerca de 5 km de extensão. Acredita-se que as muralhas tenham sido erguidas no século 1º d.C. Não deixe de ver os graciosos e serenos jardins instalados atrás da catedral e logo abaixo das muralhas: os Jardines de la Francesa e os Jardines de los Alemanes.

5 ★★ Museu d'Art. O museu de arte de Girona, instalado em um

Banys Àrabs, reminiscência da ocupação moura de Girona.

Tapeçaria A Criação, *em exposição na Catedral de Girona.*

antigo palácio que pertenceu a um bispo, reúne quase mil anos de história e de arte. Além de magníficas pinturas góticas e românicas, conta também com obras contemporâneas. Entre os destaques, um retábulo confeccionado no século 15, Sant Miquel de Cruilles, uma das mais belas criações em estilo gótico catalão. O museu também conta com uma pedra de altar de Sant Pere de Roda, original dos séculos 10 e 11, que representa figuras e lendas e que, no passado, exibia relevos de prata. *Pujada de la Catedral 12. ☎ 972-20-38-34. www.museuart.com. Ingressos €2 adultos, €1,50 estudantes e idosos, grátis para menores de 16 anos. Mar-set: ter-sáb 10h-19h; out-fev: ter-sáb 10h-18h e dom 10h-14h.*

6 Monestir de Sant Pere de Galligants. Mosteiro beneditino construído no século 12 em estilo gótico catalão. Abriga um museu arqueológico, com acervo trazido das ruínas romanas de Empúries, perto de Girona. *Plaça de Santa Llúcia. ☎ 972-20-26-32. Ingressos €2. Ter-sáb 10h30-13h30 e 16h-19h, dom 10h-14h.*

7 Lola Cafe. Situado na rua mais simpática do antigo bairro judaico, este apreciado café apresenta shows de música ao vivo nos finais de semana. *c/ de la Força 7. ☎ 972-22-88-24. $.*

8 ★ Cases de l'Onyar. As coloridas e peculiares construções situadas na margem do Onyar se refletem na água do rio, formando uma bela imagem. Muitas delas

Casas à beira do rio Onyar.

foram erguidas na Idade Média, quando esta área ficava fora das muralhas originais da antiga cidade. A conexão com a parte moderna é feita pela **Pont de Ferro**, obra da Eiffel Company. A ponte foi terminada em 1877, 12 anos antes da famosa Torre Eiffel de Paris.

9 ★ **Museu del Cinema.** O único museu de cinema da Espanha é, na verdade, um acervo particular, montado por Tomàs Mallol. Em exposição, cerca de 25 mil itens associados à setima arte, como fotografias, pôsteres e desenhos, além de uma câmera que pertenceu aos irmãos Lumière. Promove várias mostras e abriga uma biblioteca especializada. *c/ Sèquia 1. ☎ 972-41-27-77. www.museudelcinema.org. Ingressos €4 adultos, €2 estudantes e idosos. Mai-set: ter-dom 10h-20h; out-abr: ter-sex 10h-18h, sáb 10h-20h e dom 11h-15h.*

Aspectos práticos: Girona

Saindo de Barcelona de carro, pegue a *ronda* (rodovia) na direção da França e depois a A-7 para Girona. O trajeto é de 97 km. Há trens regulares que partem da Estació Sants de Barcelona e chegam à Plaça Espanya, em Girona (☎ 902-24-02-02; www.renfe.es). O **posto de informação turística** fica na rua principal da cidade, a Rambla de la Llibertat 1 (☎ 972-22-65-75).

Onde ficar: o **Bellmirall** é uma pequena e simpática hospedaria situada em plena parte antiga da cidade. Ocupa uma mansão do século 14 que passou por reforma (c/ Bellmirall 3; ☎ 972-20-40-09; www.grn.es/bellmirall; casal €60-70; não aceita cartão de crédito; fechado jan-fev). O **Hotel Ciutat de Girona** (c/ Nord 2; ☎ 972-48-30-38; www.hotel-ciutatdegirona.com; casal €116-143) é maior, mais moderno e situa-se nos limites da parte antiga.

Onde comer: o **Blanc** ($$), associado ao Hotel Ciutat de Girona, é um elegante restaurante com bom custo-benefício. Serve pratos catalães e especialidades mediterrâneas (c/ Nord 2; ☎ 972-41-56-37). O **Celler de Can Roca** ($$$$) é um dos mais destacados da Catalunha e de toda a Espanha. Muitos se deslocam até esta cidade histórica só para comer aqui (Carretera de Taialá 40 [sentido Les Planes, a nordeste do bairro antigo]; ☎ 972-22-21-57).

L'Empordà e Costa Brava

L'Empordà, a região verde e com suaves elevações que cerca Girona, é conhecida como "a Toscana da Espanha". Discretas aldeias medievais, repletas de antigas casas de pedra, viraram refúgio de final de semana para muitos moradores ricos de Barcelona. A Costa Brava é uma sequência de praias e enseadas banhadas pelas águas azuis do Mediterrâneo e repleta de pequenas vilas de pescadores. A beleza natural da extremidade sul do litoral, parte mais próxima de Barcelona, tem provocado um aumento cada vez maior no movimento turístico da região.

1 ★ **Cruïlles e Monells.** Estas duas vilas tranquilas podem ser consideradas pérolas da arte medieval. O destaque de Monell é a belíssima praça com um pórtico. Por sua vez, no centro de Cruïlles, que já foi protegida por muralhas, destaca-se um mosteiro do século 11.

2 ★★ **Peratallada.** Menos badalada do que Pals, esta simpática cidade cresceu ao redor de um castelo. Abriga também um palácio do século 14, uma praça central com um pórtico e casas ricas em detalhes góticos, várias delas transformadas em hospedarias ou lojas de antiguidades.

3 ★★ **Pals.** Esta cidade medieval que se destaca entre as colinas encanta os turistas. Com vielas charmosas e paredes de pedra, parece um cenário de cinema.

4 ★ **Begur.** A grande atração desta cidade no alto de uma colina são as ruínas do castelo do século 13, de onde se tem magníficas vistas para L'Empordà e a Costa Brava. Várias casas daqui têm estilo colonial, pois foram erguidas por moradores que emigraram para Cuba no início do século 19 e voltaram para a região. Nos arredores de Begur há ótimas praias, como Aiguablava, Sa Riera e Sa Tuna.

5 ★★★ **Triângulo de Dalí.** A região de Empordà é associada à trajetória do famoso pintor surrealista Salvador Dalí, que nasceu no norte da Catalunha e passou boa parte de sua vida na Costa Brava. Três locais, um museu e duas casas peculiares, formam o chamado "Triângulo de Dalí" e constituem atrações obrigatórias para os admiradores do polêmico artista.

Pals, cidade medieval com ares de cenário cinematográfico.

5A ★★★ **Figueres: Teatre Museu Dalí.** O museu dedicado a Salvador Dalí, que ele mesmo projetou como legado à cidade natal, Figueres, é uma mistura de teatro com parque de diversões: totalmente estranho. A construção decorada com cerâmica vermelha destaca-se pelos ovos gigantes no alto. Na parte interna, a disposição de alguns móveis reproduz o rosto de Mae West, e um Cadillac preto integra a obra *Táxi em Dia de Chuva*. O artista está enterrado aqui. ***Plaça de Gala-Salvador Dalí 5.*** ☎ ***972-67-75-00. www.salvador-dali.org.***

5B ★★ **Cadaqués/Port Lligat: Casa-Museu Salvador Dalí.** Perto da cidade costeira de Cadaqués, Dalí construiu a primeira casa ao lado de sua mulher, Gala. O casal reuniu diversas moradias e decorou o local em estilo próprio (alguns exemplos são o sofá em forma de lábios e as chaminés desenhadas pelo artista). ☎ ***972-25-10-15. www.salvador-dali.org.***

5C ★ **Púbol: Casa-Museu Castell Gala Dalí.** No fim dos anos 1960, Dalí comprou um castelo numa aldeia de L'Empordà para sua amada Gala, que só permitia a presença do artista quando convidado. Mesmo em idade avançada, a dona da casa manteve ali animado movimento de homens mais jovens. Há sinais claros da influência de Dalí, mas este local é menos "peculiar" do que as outras duas atrações. ☎ ***972-48-86-55. www.salvador-dali.org.***

O bizarro e o absurdo se encontram no Teatre Museu Dalí, em Figueres.

6 ★★ **Empúries.** As ruínas de uma cidade greco-romana, um dos sítios arqueológicos mais fascinantes da Espanha, podem ser apreciadas no **Museu d'Empúries.** Três civilizações diferentes se instalaram aqui entre os séculos 7º e 3º a.C. Trata-se do único lugar da Espanha com registro de seu passado grego, ibérico e romano. ☎ *972-77-02-08. www.mac.es. Ingressos €2,50 adultos, €2 idosos e estudantes entre 16 e 18 anos, grátis para menores de 16 anos. Jun-set diariam. 10h-20h; out-mai diariam. 10h-18h.*

7 ★★ **Enseadas de Palafrugell.** Algumas das praias e enseadas mais lindas do país ficam na Costa Brava, perto de Palafrugell. Calella de Palafrugell, Llafranc e Tamariu são locais bonitos e protegidos, ideais para um banho de mar ou uma caminhada entre as árvores.

8 **Palamós.** Os conflitos de uma cidade da Costa Brava dividida entre

Calella de Palafrugell.

a tradição e a modernidade voltada para o turista são visíveis nesta antiga aldeia de pescadores.

9 ★ **Cap Roig.** Situada num rochedo no alto de uma península, esta magnífica propriedade, que pertenceu a um general russo e hoje abriga o Jardí Botànic, permite apreciar as belezas do litoral. No verão, o **Festival Jardins de Cap Roig** apresenta shows ao vivo de jazz, rock, flamenco e world music, além de espetáculos teatrais e ópera (até Bob Dylan já veio aqui). *☎ 972-61-45-82. www.caproig.cat. Os jardins abrem diariam.; abr-set 9h-20h e out-mar 9h-18h. Em dias de shows (jul-ago), fecham às 14h. Entrada grátis.*

10 **Sant Feliu de Guixols.** Marcando o início do trecho mais badalado da Costa Brava, esta cidade tranquila tem uma igreja e uma capela do século 10, instaladas em colina com excelentes vistas para o litoral. ●

Aspectos práticos: L'Empordà e Costa Brava

O melhor modo de explorar a região é de carro. Figueres fica 150 km ao norte de Barcelona pela A-7 e a 50 km ao norte de Girona. Para chegar a Cadaqués, pegue a C-260 em Figueres e, depois, a extensa e sinuosa GI-614. Púbol fica 40 quilômetros ao sul de Figueres pela rodovia C-252 ou 16 km a leste de Girona pela C-255. De Girona saem **trens** para as cidades da Costa Brava, como Llança, Blanes, Colera e Figueres.

Onde ficar e comer: El Far Hotel Restaurant reúne uma ermida do século 17 e um farol do século 15. As vistas da baía para o Mediterrâneo são lindas (Platja de Llafranc, perto de Palafrugell; ☎ 972-30-16-39; www.elfar.net; casal €175-300). Em L'Empordà, perto da costa, fica o **Castell de'Empordà**, castelo com sete séculos transformado em hotel de luxo. Está a apenas 3 km de La Bisbal (☎ 972-64-62-54; www.castelldemporda.com; casal €95-235; fechado nov-mar). **La Plaça de Madremanya**, numa pequena aldeia a meio caminho entre Girona e o litoral, é uma linda opção de hospedagem, além de abrigar um dos melhores restaurantes da região (c/ Sant Esteve 17, Madremanya; ☎ 972-49-04-87; www.laplacamadremanya.com; casal €99-155).

Dicas de viagem

Antes de partir

Organismos oficiais

NO BRASIL: Centro Oficial de Turismo Espanhol, rua Zequinha de Abreu, 78 (☎ 11/3675-2000); Instituto Cervantes de São Paulo, avenida Paulista, 2.439, 7º andar, Bela Vista - São Paulo (☎ 11/3897-9600).
EM BARCELONA: Palau Robert, Paseo de Gràcia 107, 08008 - Barcelona (☎ 93/238-8091).

Quando ir

Os períodos entre **março** e **maio** e entre **setembro** e o final de **outubro** são os melhores para visitar Barcelona, pois a cidade está bem menos cheia do que no verão. No que se refere às condições do tempo, porém, não existem épocas proibitivas ou com condições climáticas extremas (no verão, a cidade enfrenta um calor menor do que Madri ou o sul da Espanha, por exemplo). Em **agosto**, boa parte dos estabelecimentos fecha, e a população ruma para as praias. Como é também o principal mês de férias em outros países europeus, a capital da Catalunha fica praticamente tomada por visitantes da Inglaterra, França, Holanda e Alemanha. De **novembro** a **fevereiro** não há afluxo de turistas, o frio é moderado (para padrões europeus) e os preços de hotéis e companhias aéreas costumam cair. No entanto, alguns resorts do litoral, sobretudo os da Costa Brava, deixam de funcionar na baixa temporada. O período de **Natal**, que começa no início de dezembro e segue até a primeira semana de **janeiro**, costuma ser especialmente festivo.Barcelona é o principal destino turístico da Espanha e recebe visitantes o ano todo. Também sedia feiras e congressos internacionais, por isso é recomendável reservar hotéis com alguma antecedência.

Página anterior: estação Liceu.

Festas e eventos

PRIMAVERA. Um dos destaques é a **Semana Santa.** No Domingo de Ramos, há bênção de ramos na Sagrada Família e, no claustro da catedral, a curiosa *L'ou com balla* (uma casca de ovo vazia) é colocada sobre uma fonte para "dançar" movida pela água.
O dia dedicado a **St. Jordi** (23 de abril) reverencia o santo padroeiro da Catalunha. Segundo a tradição, os homens devem oferecer rosas vermelhas para as mães, mulheres e namoradas, que retribuem a gentileza com um livro (hoje, muitos homens também dão livros em vez de flores). Há vendedores de rosas por toda parte e são montadas bancas de livros no Passeig de Gràcia. Em maio (dia 1º) comemora-se o **Dia do Trabalho**, em geral com manifestações sindicais. Nas festividades de **Corpus Christi**, em maio ou junho, as ruas de Sitges são recobertas de flores.

VERÃO. A **Verbena de Sant Juan** (23 de junho) é comemorada com fogos e fogueiras nas ruas e praças (até na praia) e grande consumo de *cava*. Muitos seguem a tradição de mergulhar no mar pela primera vez no ano neste dia, início oficial do verão. **El Grec**, promovido no início de julho, é um festival cultural que reúne destaques da música e do teatro em shows abertos. A **Festa Major de Gràcia** (meados de agosto) dura uma semana e ocorre no bairro de Gràcia, que ganha uma decoração especial, além de amplas mesas para refeições comunitárias e jogos. À noite, as estreitas ruas ficam tomadas por interessados em assistir aos shows.

OUTONO. **La Diada de Catalunya** (11 de setembro) é a data dedicada à Catalunha e por isso considerada o feriado mais importante da região. Marca o dia em que a cidade caiu nas mãos das tropas francesas e espanholas, em 1714, e são comuns as manifestações pela autonomia da região (pode-se ver a *senyera*, a bandeira catalã, exibida por toda parte). **La Mercè** (24 de setembro) é o dia dedicado a Nossa Senhora das Mercês, padroeira de Barcelona e que, de acordo com a lenda, teria livrado a cidade de uma praga de gafanhotos. Há espetáculos grátis em diversas praças, além de desfiles de figuras folclóricas como os *gigants* e os *cap grosses*. As pessoas saem às ruas para dançar *sardana* (dança típica da Catalunha) e observar os *castellers* (torres humanas). Há fogos de artifício e o *correfoc*, um desfile de dragões e monstros que coroa a festividade. Uma data especial para visitar Barcelona, sobretudo com crianças.

INVERNO. O **Dia de Todos os Santos** (1º de novembro) é feriado e motivo de celebração por toda parte. É comum as pessoas levarem flores aos túmulos de amigos e familiares. Na noite anterior, alguns bares da cidade promovem festas de Halloween. As semanas que antecedem o **Natal** (*Nadal*, em catalão) são marcadas pela realização da *Fira de Santa Llucia*, imensa feira realizada a céu aberto e na qual se pode comprar peças de artesanato e natalinas, entre elas o *caganer* (*ver pág. 62*) utilizado na composição dos *pessebres* (presépios). Há um presépio em tamanho natural na Plaça Sant Jaume. No **Dia dos Reis Magos** (6 de janeiro) ocorre a troca de presentes, embora em muitas famílias a prática hoje esteja antecipada para o dia 25 de dezembro. Em Barcelona, três reis magos chegam de barco ao porto e oferecem doces às crianças. O **Carnaval** não costuma ser muito celebrado e as fantasias ficam por conta das crianças ou donos de bancas nos mercados e feiras. Mas na cidade litorânea de Sitges, ao sul de Barcelona, sobretudo entre a comunidade gay, há desfiles e comemorações.

Clima

Barcelona é uma cidade que conta com um clima mediterrâneo. A primavera e o outono são épocas bastante agradáveis, com dias ensolarados e temperaturas suaves. No inverno faz frio, mas as temperaturas não caem demais e com frequência há sol. É raro nevar e, quando isso ocorre, não dura mais do que um ou dois dias. O mês em que mais chove é abril; em julho e agosto faz calor e o ar fica úmido (mesmo à noite as temperaturas caem pouco). A água do mar permite banhos entre o final de junho e o início de outubro. Na região da Costa Brava, é comum soprar um vento forte chamado de *tramontana*.

Celulares *(móviles)*

O celulares com sistema GSM (*Global System for Mobiles*) em geral funcionam na Espanha. Se esse for o caso do seu aparelho e você contar com uma sistema de banda compatível, é provável que funcione no país (antes de viajar, entre em contato com a operadora, informe-se e peça a ativação do "*international roaming*". Também é possível alugar um aparelho: a **FNAC** (principal loja da Plaça Catalunya, 4; metrô Catalunya; ☎ 93-344-18-00; www.fnac.es) oferece pacotes do tipo "pague pelo

Sites úteis

- **www.tourspain.es:** Site da Turespaña, com dados sobre destinos de aventura, viagens a negócios e notícias da Espanha publicadas pelo mundo.
- **www.spaininfo.com:** Informações práticas (destinos, hospedagem com animais, onde aprender espanhol etc.).
- **www.renfe.es:** Site oficial da companhia espanhola de transportes ferroviários. Útil para saber horários, linhas e tarifas.
- **www.barcelonaturisme.com:** Site oficial de turismo da cidade. Informações em inglês, catalão e espanhol.
- **www.barcelona.com:** Para conhecer as atrações da cidade e fazer reservas.
- **www.cbrava.es:** Informações sobre a Costa Brava, Girona e outras partes da Catalunha, como L'Empordà.

que usar" que podem sair mais em conta para quem fica na cidade por pouco tempo.

Locação de carros

Não é aconselhável dirigir em Barcelona, sobretudo porque a cidade oferece um eficiente sistema de metrô e táxis a preços razoáveis. Mas pode valer a pena alugar um veículo para percorrer L'Empordà e a Costa Brava. As principais locadoras de veículos têm escritórios em Barcelona e em outros locais da Catalunha, como o aeroporto El Prat e a estação de trem de Girona. A **Avis** (☎ 800/331-1212; www.avis.com), a **Hertz** (☎ 800/654-3131; www.hertz.com) e a **Budget** (☎ 800/472-3325; www.budget.com) têm agências na Estació Sants e em outros endereços na cidade. Outros locadoras são a **Kemwel Holiday Auto** (☎ 877/820-0668; www.kemwel. com) e a **Auto Europe** (☎ 800/223-5555; www.autoeurope.com). No Brasil, a **Avis** (☎ 0800/725-2847; www.avis.com.br), e a **Budget** (☎ 11/2445-2262; www.budget.com.br) localizada no Aeroporto de Guarulhos, São Paulo.

Como chegar

De avião

Há várias maneiras de ir do aeroporto **El Prat** (a 13 km de distância) até a região central. O **Aerobús** (€3,60), que parte da frente dos três terminais do aeroporto a cada 15 minutos entre 6h e 24h, faz paradas na Plaça Espanya, na Gran

Vía de les Corts Catalanes, na Plaça Universitat e na Plaça Catalunya (o trajeto até esta última parada leva cerca de 40 minutos). Um **trem** parte do aeroporto a cada meia hora (bilhetes €2,75) entre 6h15 e 23h15. O destino é a Estació Sants (trajeto de 25 minutos), que tem conexão com o metrô. Também é possível pegar um dos **táxis** (cerca de €25) que saem do terminal.

Quem chega em aviões de companhias europeias ou fretadas pode pousar no aeroporto de **Girona** (103 km a nordeste de Barcelona) ou **Reus** (110 km a oeste). O **Barcelona Bus** (☎ 93-232-04-59) sai do aeroporto de Girona (€12; 70 minutos) e de Reus (€11; 90 minutos) com destino a Barcelona. O trajeto de trem a partir das duas cidades custa menos, mas é preciso pegar ônibus para chegar à estação ferroviária. Uma corrida de táxi até Barcelona saindo de Girona ou Reus custa aproximadamente €120.

De carro
A rodovia **A-7** liga Barcelona com a França e a região norte da Catalunha (Costa Brava e Girona). A **A-2** é a via que leva a Madri, Zaragoza e Bilbao. A partir de Valência ou da Costa del Sol, pegue a **E-15** no sentido norte. Na entrada de Barcelona, preste atenção nas placas: *Centre Ciutat* leva até o centro pelo bairro de L'Eixample, enquanto *Ronda Litoral* conduz direto à região do porto.

De trem
Muitas linhas nacionais (RENFE; www.renfe.es) e internacionais chegam à **Estació Sants,** Plaça dels Països Catalans s/n (☎ 93-495-62-15; metrô Sants).

Como circular

De metrô
O **Metro** (☎ 010 ou 93-298-70-00; www.tmb.net) de Barcelona é eficiente, moderno e limpo. Com cinco linhas, é o modo mais rápido e fácil de se deslocar pela cidade. Uma placa com um losango vermelho indica a entrada das estações. Os bilhetes unitários (*senzill* ou *sencillo*) custam €1,20, mas podem-se comprar bilhetes com direito a dez viagens (T10) por €6,65. O passe Barcelona Card (www.barcelonacard.com) permite andar em todo o sistema de transporte público. O metrô funciona de segunda a quinta-feira das 5h às 23h; às sextas-feiras e sábados das 5h às 2h e aos domingos das 6h às 24h.

Algumas estações de metrô são ligadas com os **Trens FGC** (☎ 93-205-15-15). O preço do trajeto é o mesmo, e o bilhete do metrô vale para esses trens, que ligam o centro da cidade a bairros dos arredores, como Sarrià, Vallvidrera, Tibidabo e Gràcia. O único problema é na hora de sair do trem FGC e pegar o metrô: o passageiro tem de sair do primeiro e pagar novamente para entrar no segundo.

De táxi
Os numerosos táxis (pretos e amarelos) cobram preços razoáveis (uma corrida custa cerca de €7). É possível parar um táxi na rua (a luz verde significa que está livre) ou em um dos pontos, em geral perto de hotéis. A corrida começa em €1,30 (€1,40 à noite). Algumas das empresas são a **Servi Taxi** (☎ 93-330-03-00) e a **Barna Taxi** (☎ 93-357-77-55).

De ônibus

Há muitas linhas de ônibus na cidade, mas o metrô ainda é mais abrangente. A maioria das linhas passa na Plaça de Catalunya. Nas paradas, placas informam o trajeto e os horários (a maioria deixa de circular antes do metrô). O **Nitbus** (☎ 010 ou 93-223-51-51; valor exato; não aceita bilhetes), que circula entre 24h e 4h pode ser a única alternativa aos táxis, tem cor amarelo-vibrante e exibe a letra N (a maioria sai da Plaça de Catalunya). Nos Nitbuses não são aceitos passes ou bilhetes e é preciso pagar em dinheiro (€1,20) direto ao motorista.

De carro

Para um visitante, tentar percorrer as disputadas ruas de Barcelona pode ser desgastante, sem falar que estacionar o carro é difícil e caro. No entanto, alugar um veículo pode ser útil para quem pretende visitar Sitges, Montserrat e a região vinícola de Penedès ou ir até a Costa Brava ou L'Empordà. Mais informações sobre aluguel de veículos na pág. 162.

A pé

Barcelona convida para fazer passeios a pé, sobretudo na região de La Rambla, Passeig de Gràcia e no labiríntico Barri Gòtic.

Informações úteis

ALUGUEL DE IMÓVEIS Algumas opções são **La Casa de les Lletres** (☎ 93-226-37-30; www.cru2001.com); a **www.visit-bcn.com**, que oferece de casas no Barri Gòtic a apartamentos tipo *loft*; e a **www.friendlyrentals.com**, às vezes com boas ofertas.

APARELHOS ELÉTRICOS A maioria dos hotéis utiliza voltagem 220, mas em estabelecimentos mais antigos pode funcionar a voltagem 110.

BANHEIROS Chamados de *aseos*, *servicios* ou *lavabos*, são identificados como *caballeros* no caso do banheiro masculino e *damas* para o feminino.

CAIXAS ELETRÔNICOS Os cartões emitidos pela Maestro, Cirrus e Visa funcionam em todos os caixas eletrônicos. Para trocar dinheiro, vá a uma agência bancária ou às *casas de cambio*. Há agências de câmbio na Estació Sants (trens) e no aeroporto El Prat. Alguns bancos espanhóis são La Caixa, Caixa de Catalunya, BBV e Central Hispano (na Plaça de Catalunya há agências de todos eles). A maioria das agências conta com caixas de autoatendimento que funcionam 24 horas.

CARTÕES DE CRÉDITO Caso perca seu cartão de crédito, a primeira medida é informar o banco ou a empresa emissora e registrar queixa em uma delegacia de polícia (as empresas ou seguradoras exigem o número do registro). Na Espanha, o número de emergência da **Visa** é ☎ 90-099-11-24, da **American Express** é ☎ 90-237-56-37 e da **MasterCard** é ☎ 90-097-12-3.

EMBAIXADAS E CONSULADOS
Embaixada da Espanha no Brasil SES - Avenida das Nações, qd. 801, lote 44, Brasília - DF (☎ 61/3244-2121; www.maec.es/embajadas/brasilia/es/home). **Embaixada do Brasil em Madri** Calle Fernando El Santo 6, 28010, Madri (☎ 3491/700-4650; www.brasil.es). **Consulado-Geral da Espanha em São**

Paulo Avenida Brasil, 948, Jardim América (☎ 11/3087-2600; www.maec.es/consulados/saopaulo/es/home). **Consulado-Geral do Brasil em Barcelona** Avenida Diagonal, 468, 2º andar (☎ 93-488-2288; www.brasilbcn.org).

CORREIOS Na Espanha, as agências dos *correos* são identificadas com placas brancas e amarelas com a inscrição *Correos y Telégrafos*. As principais agências atendem de segunda a sexta-feira entre 9h e 20h, e sábados entre 9h e 19h. A agência central fica na Plaça de Antoni López s/n, no final da Vía Laietana (☎ 902-19-71-97). Outras agências na Aragó 282 e Ronda Universitat 23.

DINHEIRO A moeda em circulação na Espanha é o **euro**.

EMERGÊNCIAS Para pedir uma ambulância ligue ☎ 061; para falar com os bombeiros o número é ☎ 080. Em caso de outras emergências, ligue ☎ 112.

FARMÁCIAS As *farmàcies* funcionam no horário comercial; à noite ou em feriados há sempre uma unidade de plantão. O endereço e telefone da *farmàcia de guàrdia* ficam expostos na porta das outras farmácias da região. Uma farmácia central que funciona 24 horas todos os dia é a **Farmàcia Álvarez**, Pg. de Gràcia 26 (☎ 93-302-11-24). Pelos telefones ☎ 010 ou ☎ 93-481-00-60 pode-se obter informações sobre farmácias de plantão.

FERIADOS Alguns feriados são 1º de janeiro (Ano-Novo), 6 de janeiro (Dia dos Reis Magos), março/abril (Páscoa), 1º de maio (Dia do Trabalho), maio/junho (Pentecostes), 24 de junho (São João), 15 de agosto (Assunção), 11 de setembro (Dia da Catalunha), 24 de setembro (Nossa Senhora das Mercês), 12 de outubro (Dia da Hispanidade), 1º de novembro (Todos os Santos), 8 de dezembro (Imaculada Conceição), 25 de dezembro (Natal) e 26 de dezembro (Santo Estevão).

FUMANTES No início de 2006, foi aprovada uma lei que proíbe o fumo em locais públicos, incluindo transportes coletivos, locais fechados, hospitais e alguns bares e restaurantes. As áreas para não fumantes (*no fumadores*) ainda são raras, mas a expectativa é que os espanhóis se adaptem a essa mudança.

GAYS E LÉSBICAS Em 1978, a Espanha descriminalizou o homossexualismo entre adultos e em 1995 foi aprovada uma lei que proíbe a discriminação sexual. Em 2005, foi aprovado o casamento entre pessoas do mesmo sexo. A Catalunha teve um papel importante nesse processo porque estendeu aos casais homossexuais os mesmos direitos conjugais e o reconhecimento oficial dedicados aos casais heterossexuais. Barcelona é um dos grandes centros da vida gay na Espanha, e Sitges, cidade situada ao sul, é um grande destino do turismo gay. O site www.gayinspain.com tem informações específicas.

GORJETAS Os restaurantes mais caros acrescentam 7% de imposto ao total da conta e os menos sofisticados o incorporam aos preços. Como não se trata de uma taxa de serviço, o esperado é uma gorjeta de 5% a 10%. Nos cafés e estabelecimentos menores, o costume é deixar algumas moedas e arredondar a conta para cima. Nos táxis não é hábito deixar gorjetas. Nos hotéis, o esperado é €1 ao porteiro e ao carregador, além do mesmo valor para as arrumadeiras por dia de permanência no hotel.

HORÁRIOS Os bancos atendem de segunda a sexta-feira entre 8h30 e 14h. Em agosto, muitas lojas trabalham com equipe bastante reduzida ou simplesmente fecham as portas. Nos restaurantes, o horário habitual de almoço é entre 13h30 ou 14h e 16h, e o jantar costuma ser servido entre 21h e 23h30 ou meia-noite. A maioria das lojas funciona de segunda-feira a sábado, das 9h30 ou 10h às 20h (estabelecimentos pequenos podem fechar após o almoço para a *siesta* e voltar a atender após às 16h30).

IMPOSTOS O imposto de valor agregado (IVA) varia de 7% a 33%, dependendo do produto. Alimentos, vinhos e artigos de necessidade básica são tributados em 7%; para a maioria dos produtos e serviços (inclusive locação de carros) a alíquota é 13%; artigos de luxo (joias, cigarros e bebidas importadas) 33% e os hotéis 7%. Visitantes de fora da União Europeia podem pedir o reembolso de 16% sobre a maioria das compras superiores a €90 feitas em lojas que exibam a indicação de "Tax Free" ou "Global Refund". Os formulários para solicitar a restituição podem ser encontrados na loja onde foi feita a compra e devem ser carimbados na alfândega ao deixar o país. Mais informações pelo site **www.globalrefund.com**.

INFORMAÇÕES TURÍSTICAS O posto de **Turisme de Barcelona**, Plaça de Catalunya 17, subsolo (☎ 93-285-38-34), funciona diariamente entre 9h e 21h. A **Informació Turística de Catalunya** orienta sobre a cidade e a região e fica no Palau Robert, Pg. de Gràcia, 107 (☎ 93-238-40-03). Há postos de informações na Estació Sants e no aeroporto. Ligue ☎ 010 para informações gerais.

INTERNET O acesso à internet é fácil, tanto em cibercafés quanto em hotéis (muitos oferecem banda larga). O **Internet Gallery Cafe** fica perto do Museu Picasso, Barra de Ferro 3 (☎ 93-268-15-07). Para localizar os cybercafés de Barcelona, consulte os sites **www.cybercaptive.com** e **www.cybercafe.com**.

MÉDICOS Ligue para ☎ 061 para pedir uma indicação.

NECESSIDADES ESPECIAIS Várias construções de Barcelona têm escada, o que dificulta o acesso de quem tem necessidades especiais, mas essa situação começa a mudar. Hotéis mais novos levam em conta essa realidade, e os restaurantes mais caros são adaptados. No entanto, a limitação é grande. A associação catalã para os deficientes, chamada de Federació ECOM, fornece listas de hotéis e dicas de viagem para toda a região da Catalunha, relacionando as instalações. Centros de turismo e o serviço social das prefeituras informam sobre instalações locais.

PASSAPORTES A Espanha não exige visto para brasileiros que visitam o país a turismo. É preciso, no entanto, fazer um seguro de viagem reconhecido com cobertura de pelo menos €30 mil. Convém antes de viajar checar se existem novas exigências. As embaixadas espanholas dão uma lista dos demais países isentos de visto. Turistas desses países podem permanecer na Espanha por 90 dias; para períodos maiores exige-se o visto. Em caso de perda ou roubo de passaporte, informe o consulado. Por medida de segurança, leve uma cópia do seu passaporte e deixe-a no hotel.

POLÍCIA O número de emergência é ☎ 091. Para contatar a polícia, ligue para ☎ 092.

SEGURANÇA Crimes violentos são raros em Barcelona, mas podem acontecer pequenos roubos em locais frequentados por turistas, como museus, restaurantes, hotéis, resorts, estações de trem e de metrô, aeroportos e caixas eletrônicos. Vale a pena redobrar a atenção em locais como La Rambla (sobretudo na região próxima à beira-mar), Barri Gòtic, El Raval e na Sagrada Família. Evite andar sozinho à noite no Barri Gòtic e no El Raval. O serviço de **Turisme Atenció**, La Rambla 43 (☎ 93-256-24-30), tem atendentes que falam inglês e orientam em caso de ocorrências. O posto funciona todos os dias, 24 horas.

SEGURO Antes de comprar um seguro de viagem, consulte as coberturas em caso de cancelamento de viagem, perda de bagagem, despesas médicas ou locação de carros. O Brasil e a Espanha mantêm um convênio que dá aos brasileiros direito aos serviços públicos naquele país. Em caso de necessidade o turista precisa apresentar o passaporte e o Certificado de Assistência Médica, que deve ser obtido antes da viagem, nos escritórios de representação do Ministério da Saúde existentes nas capitais brasileiras. Outra possibilidade é fazer um seguro de viagem que cubra serviços de assistência médica no exterior. Se você já possui seguro-saúde, confira se ele reembolsa essas despesas.

TELEFONES Para obter informações sobre números de telefones na Espanha, ligue ☎ 1003. Para informações internacionais, o número é ☎ 025. É possível fazer chamadas internacionais em cabines identificadas com a palavra *Internacional*. Para isso, disque ☎ 00, espere o sinal de discagem e digite o código do país, o código regional e o número do telefone. O código do Brasil é 55. Disque a seguir o código da cidade sem o zero e o número. Para fazer uma chamada a cobrar para o Brasil, disque ☎ 900-99-00-55 e fale diretamente com a operadora brasileira. Para chamadas locais, disque o código regional (93 em Barcelona) e os sete dígitos do telefone (para telefonar para outra região, o procedimento é o mesmo: só o que muda é o código regional de destino). Além das cabines, os bares em geral têm telefones públicos. Todos utilizam moedas. Cartões telefônicos são mais práticos e podem ser comprados em *estancs* (tabacarias) e bancas de jornal. Alguns telefones mostram no visor instruções em diversos idiomas.

História

550 a.C. Os gregos fundam Empúries.

212 a.C. A partir de Empúries, os romanos invadem e tomam a Espanha.

206 a.C. Roma derrota Cartago.

SÉC. 1º d.C. Os cristãos se disseminam pela Catalunha.

15 Os romanos fundam Barcino.

70 Primeiras comunidades judaicas em Barcino.

415 Os visigodos tomam Barcelona.

719 Os invasores árabes chegam a Barcelona.

878 Guifré el Pilós derrota os árabes e funda a dinastia dos condes de Barcelona, que governou a região por cinco séculos.

1064 Criação da primeira constituição local, chamada de Usatges.

1137 Por meio de um casamento real, a Catalunha se une à região vizinha de Aragão.

1213-35 Jaume I consolida o império e conquista Maiorca, Ibiza e Valência.

1249 Barcelona forma o Consell de Cent.

1283 Criação de um parlamento regional (Corts).

1347-59 A Peste Negra atinge a população. Criação do governo autônomo (Generalitat).

1469 Fernando II, rei de Catalunha e Aragão, casa-se com Isabel, rainha de Castela. O casamento unifica a Espanha.

1492 Descoberta da América. Os reis católicos expulsam os judeus e os muçulmanos do país.

1494 A Catalunha passa ao comando de Castela.

1522 Sob Carlos V, os catalães são proibidos de fazer comércio como Novo Mundo.

1640-50 A Guerra dels Segadors (revolta dos ceifeiros). A Catalunha declara-se uma república, aliada à França.

1701-13 Guerra de Sucessão Espanhola.

1759 O exército franco-espanhol toma Barcelona. O idioma catalão torna-se proibido.

1808-14 Os franceses ocupam a Catalunha durante a guerra contra a Inglaterra.

1832 Começa a Revolução Industrial com a primeira fábrica a utilizar a energia a vapor.

1854-1865 Demolição das muralhas da cidade. Começam as obras de "expansão" (L'Eixample).

1873 Fundação da República espanhola.

1888 Primeira Exposição Universal de Barcelona, montada no Parc de la Ciutadella.

1892-93 Reivindicação de autonomia para a Catalunha. Anarquistas atiram bombas no Teatre Liceu.

1909 Ocorre a Setmana Tràgica, com violentas manifestações anarquistas.

1924 Ditadura do General Primo de Rivera e nova proibição do idioma catalão.

1929 Segunda Exposição Universal, em Montjuïc.

1931 Francesc Macià negocia a autonomia da Catalunha durante a Segunda República e declara-se presidente.

1936-1939 Guerra Civil Espanhola; o conflito termina com a tomada de Barcelona pelo exército de Franco.

DÉCADA DE 1960 Começa a atividade turística na Costa Brava.

1975 Morte de Franco. Juan Carlos torna-se rei.

1978 O rei Juan Carlos garante gestão autônoma da Catalunha. O idioma deixa de ser proibido.

1981 Fracassa tentativa de golpe de Estado.

1982 Os socialistas chegam ao poder após 43 anos de domínio da direita.

1986 A Espanha se junta à Comunidade Europeia (hoje União Europeia).

1992 Olimpíada de Barcelona.

1998 A Generalitat cria leis de "normalização" para fortalecer o catalão como principal idioma.

2004 O primeiro-ministro José Luis Zapatero pede oficialmente que a União Europeia reconheça os idiomas catalão, basco e galego.

2006 Aprovado novo Estatut que garante autonomia à Catalunha.

Arquitetura

Romana (séc. 2º a.C.-4º d.C.)

Os primeiros conquistadores da Espanha eram hábeis engenheiros. Podem-se apreciar algumas relíquias da colônia romana de Barcino no **Temple d'Augustus**, originalmente parte de um fórum, além dos portões e trechos das muralhas erguidas nos séculos 3º e 4º. As ruínas romanas mais preservadas ficam sob a **Plaça del Rei**, no **Museu d'Història de la Ciutat.**

Medieval (românica, séc. 9º-12; e gótica, séc.12-16)

Com uma beleza simples e austera, a arquitetura românica exibe amplas naves, arcos arredondados e paredes espessas (sobretudo em igrejas). O melhor exemplo em Barcelona é **Sant Pau del Camp** (séculos 9º-12).

O estilo gótico catalão surgiu no século 12, com linhas mais acentuadas e ornamentação mais austera do que o gótico tradicional. Presente tanto em construções leigas quanto religiosas, destaca-se pelos arcos pontiagudos, pelas espiras elevadas e pelas vistosas colunas. O exemplo mais preciso do estilo gótico catalão é a **Igreja de Santa María del Mar**, situada em La Ribera, mas também merecem destaque a **Igreja Santa María del Pi** e o **Saló del Tinell** (situado na bela Plaça del Rei). Embora todo o Barri Gòtic deva seu nome a esta linha arquitetônica, na verdade a região apresenta uma evolução e combinação de estilos (o melhor exemplo é a **catedral**).

Modernismo (final do séc. 19-início do séc. 20.)

O termo "modernismo" na verdade designa o estilo Art Nouveau catalão, uma variação do movimento artístico europeu surgido no final do século 19. Em Barcelona, a arquitetura modernista encontrou seu principal representante em **Antoni Gaudí** (**Sagrada Família, La Pedrera**), mas outros artistas deixaram uma valiosa contribuição para a cidade, como os arquitetos **Domènech i Montaner** e **Puig i Cadafalch,** que trans-

Catedral de Barcelona

La Pedrera

formaram a paisagem urbana com elegantes construções que casavam com a prosperidade da burguesia catalã. Embora existam grandes exemplos fora de Barcelona, como Girona, Valência, Sitges, Reus, e até o País Basco, a capital catalã reúne a maior concentração de arquitetura modernista em todo o mundo. Em meados do século 19, o processo de expansão da cidade deu origem ao bairro de L'Eixample, planejado por **Ildefons Cerdà** e principal vitrine do movimento (o que rendeu ao lugar o apelido de ***Quadrat d'Or***).

Moderna e Contemporânea (1929-dias atuais)

O destacado pavilhão construído por **Mies Van der Rohe** em Barcelona para a Exposição Universal de 1929 é um marco da arquitetura moderna. A cidade aproveitou a realização da Olimpíada de 1992 para remodelar a região costeira e criar praias e bairros novos, um porto, uma marina e anéis viários, animados com a instalação de esculturas, passeios e praças. Em 1999, o Royal Institute of British Architects entregou a Barcelona a medalha de ouro da instituição, dada pela primeira vez a uma cidade (e não a um arquiteto). Profissionais espanhóis, como Rafael Moneo e Santiago Calatrava, e estrangeiros, como Arata Isozaki e Norman Foster, também deixaram sua marca na capital catalã, assim como outros criadores naturais da região. A **Torre Agbar**, criação do arquiteto francês Jean Nouve, é o atual símbolo do incansável trajeto da cidade rumo a novos horizontes arquitetônicos.

Pavilhão Mies Van der Rohe

Frases e termos **úteis**

Frases e termos úteis

PORTUGUÊS	ESPANHOL/CATALÃO	PRONÚNCIA
Bom dia	Buenos días/Bon dia	buenos días-ahs/bón dîa
Como vai ?	¿Cómo está?/Com està?	kómo estás/kom asta
Muito bem	Muy bien/Molt bé	mui bien/mol bê
Obrigado	Gracias/Graçies	grazias/grácias
De nada	De nada/De res	de nada/dã rés
Adeus	Adiós/Adéu	adios/adeu
Por favor	Por favor/Si us plau	por fabor/sius plau
Sim	Sí/Sí	si
Não	No/No	no
Com licença	Perdón/Perdó	perdon/perdô
Onde fica. . . ?	¿Dónde está . . . ?/ On és . . . ?	donde es-ta/on ês
à direita	A la derecha/A la dreta	a la derecha/a la drétah
à esquerda	A la izquierda/ A l'esquerra	a la izkierda/ al askérra
Eu gostaria . . .	Quisiera/M'agradaria	kissiera/ magradaria
Quero . . .	Quiero/Vull	kiero/bui
Você tem . . . ?	¿Tiene usted?/Tenen?	tiene usted/tenan
Quanto custa?	¿Cuánto cuesta?/ Quant és?	kuanto kuesta/ kuán ês?
Quando?	¿Cuándo?/Quan?	kuando/kuán
O que?	¿Qué?/Què?	Ke/ké
Há/Há	(¿)Hay (. . . ?)/ Hi ha? ***ou*** Hi han?	ai/ya/iá
O que há?	¿Qué hay?/Que hi ha?	ke ai/ké ya
Ontem	Ayer/Ahir	ayer/ai
Hoje	Hoy/Avui	oi/abui
Amanhã	Mañana/Demá	manhana/ dama
Bom	Bueno/Bo	bueno/bó
Ruim	Malo/Mal	malo/mal
Melhor	(Lo) Mejor/Millor	(lo) mexor/ milhô
Mais	Más/Mes	más/mês
Menos	Menos/Menys	menos/ménis
Fala português?	¿Habla portugués?/ Parla portuguès?	abla portugues/ parla portugués

Falo um pouco de espanhol/catalão	Hablo un poco de español/Parlo una mica de Català	*a*blo un poko de espanhol/*par*lu *u*na mika dã katal*á*
Eu não entendo	No entiendo/No l'entec	no entiendo/ no lant*eng*
Que horas são?	¿Qué hora es?/Quina hora és?	ke *o*ra es/*kin* *ó*ra ês
A conta, por favor	La cuenta, por favor/ El compte, si us plau	la *kuen*ta por fa*bor*/al *kom*ta *sius pl*á*u*
a estação	la estación/la estació	la esta*zion*/ la estaci*ô*
o hotel	un hotel/l'hotel	*un* ot*el*/lut*é*l
o mercado	el mercado/el mercat	el merk*a*do/al mark*at*
o restaurante	un restaurante/un restaurant	*un* rrestaur*a*nte/ un rãstau*rán*
o banheiro	el baño/el lavabo	el *ba*nho/al lab*á*bu
um médico	un médico/un metge	*un* *me*diko/un *mê*tcha
o caminho para . . .	el camino a/el camí per	el kam*í*no a/ãl kam*í* pãr
comer	comer/menjar	komer/manj*á*
um quarto	una habitación/ una habitació	*u*na abita-ziôn/una abi-taciô
um livro	un libro/un llibre	*un* l*i*bro/un lh*í*brã
um dicionário	un diccionario/ un diccionari	*un* dikzion*a*-rio/un diccio-n*á*ri

Números

NÚMERO	ESPANHOL	CATALÃO
1	uno (*u*no)	*un (un)*
2	dos (dos)	*dos (dos)*
3	tres (tres)	*tres (trés)*
4	cuatro (ku*a*tro)	*quatre (kuatra)*
5	cinco (z*i*nko)	*cinc (cing)*
6	seis (seis)	*sis (sis)*
7	siete (siete)	*set (sét)*
8	ocho (otcho)	*vuit (buit)*
9	nueve (nuebe)	*nou (nóu)*
10	diez (diez)	*deu (déu)*
11	once (onze)	*onze (onza)*
12	doce (doze)	*dotze (dodza))*

NÚMERO	ESPANHOL	CATALÃO
13	trece (treze)	*tretze (tredza)*
14	catorce (katorze)	*catorza (katorza)*
15	quince (kinze)	*quinza (kinza)*
16	dieciséis (diezisseis)	*setze (sétdza)*
17	diecisiete (diezissete)	*disset (dissét)*
18	dieciocho (dieziotcho)	*divuit (dibuit)*
19	diecinueve (diezinuebe)	*dinou (dinóu)*
20	veinte (beinte)	*vint (bin)*
30	treinta (treinta)	*trenta (trénta)*
40	cuarenta (kuarenta)	*quaranta (kuaránta)*
50	cincuenta (zinkuenta)	*cinquanta (cinkuánta)*
60	sesenta (sessenta)	*seixanta (saichánta)*
70	setenta (setenta)	*setanta (satánta)*
80	ochenta (otchenta)	*vuitanta (buitánta)*
90	noventa (nobenta)	*noranta (nuránta)*
100	cien (zien)	*cent (cen)*

Vinhos recomendados

Se quiser aproveitar a visita à Catalunha para conhecer alguns vinhos, os mais recomendados são:

Tintos

Rioja Viña Ardanza, Allende, Imperial, CVNE, Marqués de Riscal, La Rioja Alta, San Vicente, Castillo de Ygay, López Heredia, Muga, Remírez Ganuza, Roda, Artadi
Riber del Duero tintos Condado de Haza, Pago de los Capellanes, Emilio Moro, Pesquera, Hacienda Monasterio, Aalto, Atauta, Alíon, Mauro, Leda, Vega Sicilia
Toro Quinta Quietud, San Román, Dos Victorias, Pintia, Numanthia
Priorat Cims de Porrera, Clos Martinet, Clos Mogador, Mas Doix, Vall Llach, L'Ermita
Jumilla Casa Castillo, Finca Sandoval
Monsant Celler de Capçanes, Joan d'Anguera
Outros Dominio de Valdepusa/ Marqués de Griñón (Toledo), Castillo de Perelada (Penedès), Chivite (Navarra), Dominio de Tares (Bierzo), Torres (Penedès)

Brancos

Ablariño (da Galícia) Lagar de Cervera, Laxa, Martín Codax, Terras Gaudia, Pazo de Señorans
Rioja Muga, Marqués de Riscal, López-Heredia
Rueda Dos Victorias José Pariente, MartinSancho, Belondrade y Lurton

Outros vinhos

Cava (espumante típico da Catalunha) Agustí Torelló, Avinyó, Gramona, Juvé y Camps, Segura Viudas
Sherry San León (*manzanilla*), Tío Pepe (fino), Alvear (Pedro Ximénez)

Safras recomendadas de vinhos Rioja e Ribera del Duero

ANO	RIOJA	RIBERA DEL DUERO
1990	Boa	Excelente
1991	Média	Média
1992	Boa	Boa
1993	Média	Fraca
1994	Excepcional	Excelente
1995	Excepcional	Excepcional
1996	Excelente	Excepcional
1997	Boa	Boa
1998	Excelente	Excelente
1999	Excelente	Excelente
2000	Excelente	Excelente
2001	Excepcional	Excepcional
2002	Média	Média
2003	Boa	Boa
2004	Excepcional	Excepcional
2005	Excelente	Muito boa

Telefones e sites

Companhias aéreas

TAM
☎ *4002-5700 (capitais)*
☎ *0800-570-5700 (a partir de outras cidades)*
www.tam.com.br

TAP AIR PORTUGAL
☎ *0300-210-6060 (Brasil)*
☎ *351/21-841-66-00 (Portugal) www.tap-airportugal.com.br*

IBERIA
☎ *11/3218-7130 (Brasil)*
www.iberia.com.br
☎ *902/400-500 (Espanha)*
www.iberia.com

SPANAIR
☎ *902/131415 (Espanha)*
www.spanair.com

AER LINGUS
☎ *01/886-8844 (Irlanda)*
www.aerlingus.com

AIR FRANCE
☎ *0820-820-820 (França)*
www.airfrance.com

ALITALIA
☎ *8488-65641 (Itália)*
www.alitalia.it

AMERICAN AIRLINES
☎ *800/433-7300*
www.aa.com

AUSTRIAN AIRLINES
☎ *800/843-0002 (EUA)*
☎ *43/(0)5-1789 (Áustria)*
www.aua.com

BRITISH AIRWAYS
☎ *0870/850-9-850 (Inglaterra)*
www.british-airways.com

DELTA AIR LINES
☎ *800/221-1212*
www.delta.com

EASYJET
www.easyjet.com

KLM
☎ *4003-1-888 (capitais e áreas metropolitanas)*
☎ *0800-888-1888 (a partir de outras cidades)*
☎ *020/4-747-747 (Holanda) www.klm.nl*

LUFTHANSA
☎ *49/(0)-180-5-838426 (Alemanha)*
www.lufthansa.com

SWISS INTERNATIONAL AIRLINES
☎ *877/359-7947 (EUA)*
☎ *0848/85-2000 (Suíça)*
www.swiss.com

UNITED AIRLINES
☎ *800/241-6522*
www.united.com

Aluguel de carro

AVIS
☎ *0800-725-2847 (Brasil)*
www.avis.com.br

BUDGET
☎ *(11) 2445-2262 (Aeroporto de Guarulhos – São Paulo)*
☎ *(11) 5093-6622 (Aeroporto de Congonhas – São Paulo)*
☎ *(21) 3398-2070 (Aeroporto Tom Jobim – Rio de Janeiro)*
www.budget.com.br

HERTZ
☎ *(11) 2246-4300 (São Paulo)*
☎ *0800-701-7300 (demais localidades)*
www.hertz.com.br

AUTO EUROPE
☎ *800/223-5555*
www.autoeurope.com

ALAMO
☎ *800/327-9633*
www.goalamo.com

Índice

D

T

U

V

X

Z

Hotéis

Restaurantes

Créditos das fotos

Capa (esquerda, centro e direita): Getty Images; contracapa: Getty Images; pág. viii: © Jesús Coll/AGE Fotostock; pág. 4 alto: © Neil Schlecht; pág. 4 embaixo: © Neil Schlecht; pág. 5 alto: © Rafael Campillo/AGE Fotostock; pág. 5 embaixo: © Quim Roser i Puig Photography; pág. 6 embaixo: © José Fueste Raga/AGE Fotostock; pág. 8: © Jon Bradley/Getty Images; pág. 9 alto: © Factoria Singular/AGE Fotostock; pág. 9 embaixo: © Dominic Twist/Alamy; pág. 10 embaixo: © Jean-Dominique Dallet/AGE Fotostock; pág. 11 alto: © Jon Arnold/Danita Delimont; pág. 12 alto: © Neil Schlecht; pág. 12 embaixo: © Quim Roser i Puig Photography; pág. 13 alto: © Krzysztof Dydynski/Lonely Planet Images; pág. 15 alto: © Cortesia do Museu de Historia de la Ciudad/Ramon Manent/Corbis; pág. 15 embaixo: © Oso Media/Alamy; pág. 16 alto: © Matz Sjöberg/AGE Fotostock; pág. 16 embaixo: © Dave Bartruff/Danita Delimont; pág. 17 alto: © Neil Schlecht; pág. 17 embaixo: © Neil Schlecht; pág. 19 embaixo: © SuperStock, Inc./SuperStock; pág. 20 embaixo: © Sylvain Grandadam/AGE Fotostock; pág. 21 alto: © Quim Roser i Puig Photography; pág. 21 embaixo: © Xavier Subias/AGE Fotostock; pág. 22 alto: © Toni Vilches/AGE Fotostock; pág. 23: © José Fueste Raga/AGE Fotostock; pág. 25 embaixo: © Quim Roser i Puig Photography; pág. 26 alto: © Neil Schlecht; pág. 26 embaixo: © San Rostro/AGE Fotostock; pág. 28 alto: © Quim Roser i Puig Photography; pág. 29 alto: © JTB Photo Communications, Inc. / Alamy; pág. 31 embaixo: © Matz Sjöberg/AGE Fotostock; pág. 33 alto: © Imagebroker / Alamy; pág. 34 alto: © Jordi Sans/AGE Fotostock; pág. 34 embaixo: © Neil Setchfield/Lonely Planet Images; pág. 37 alto: © Javier Larrea/AGE Fotostock; pág. 38 alto: © Quim Roser i Puig Photography; pág. 38 embaixo: © Matz Sjöberg/AGE Fotostock; pág. 39 alto: © Krzysztof Dydynski/Lonely Planet Images; pág. 39 embaixo: © Quim Roser i Puig Photography; pág. 42 embaixo: © Jordi Camí/AGE Fotostock; pág. 43 alto: © Jon Arnold/Danita Delimont; pág. 43 embaixo: © Sergio Pitamitz/AGE Fotostock; pág. 44 alto: © Neil Schlecht; pág. 45 embaixo: © Guido Krawczyk/AGE Fotostock; pág. 47 alto: © Quim Roser i Puig Photography; pág. 48 alto: © Quim Roser i Puig Photography; pág. 48 embaixo: © Rough Guides/Alamy; pág. 49 alto: © Rough Guides/Alamy; pág. 49 embaixo: © Oliver Strewe/Lonely Planet Images; pág. 52 embaixo: © Tom & Therisa Stack/Tom Stack & Associates / drr.net; pág. 53 alto: © R. Matina/AGE Fotostock; pág. 54 alto: © Andres Kudacki/Corbis; pág. 55: © Michael Melford/Getty Images; pág. 57 alto: © Kevin Foy/Alamy; pág. 57 embaixo: © Quim Roser i Puig Photography; pág. 58 alto: © Color Point Photo/Index Stock Imagery; pág. 58 embaixo: © Neil Setchfield/Lonely Planet Images; pág. 59 alto: © Peter Holmes/AGE Fotostock; pág. 59 embaixo: © Jon Hicks/eStock Photo; pág. 61 alto: © Jordi Sans/AGE Fotostock; pág. 61 embaixo: © Age Fotostock/SuperStock; pág. 62 alto: © Neil Schlecht; pág. 62 embaixo: © Neil Schlecht; pág. 63 alto: © Quim Roser i Puig Photography; pág. 63 embaixo: © Toni Vilches / Alamy; pág. 65 embaixo: © Age Fotostock/SuperStock; pág. 66 alto: © Rene Mattes/AGE Fotostock; pág. 66 embaixo: © Frederic Comi/AGE Fotostock; pág. 67 alto: © Quim Roser i Puig Photography; pág. 67 embaixo: © Quim Roser i Puig Photography; pág. 69 alto: © Bora / Alamy; pág. 69 embaixo: © Quim Roser i Puig Photography; pág. 70 alto: ©

PhotoBliss / Alamy; pág. 70 embaixo: © Toño Labra/AGE Fotostock; pág. 71: © Quim Roser i Puig Photography; pág. 72 embaixo: © Quim Roser i Puig Photography; pág. 76 alto: © Quim Roser i Puig Photography; pág. 77 alto: © Quim Roser i Puig Photography; pág. 78 alto: © Oscar García Bayerri/AGE Fotostock; pág. 78 embaixo: © Quim Roser i Puig Photography; pág. 79 alto: © Quim Roser i Puig Photography; pág. 80 embaixo: © Neil Schlecht; pág. 81 alto: © Quim Roser i Puig Photography; pág. 82 alto: © Dino Fracchia / drr.net; pág. 82 embaixo: © Quim Roser i Puig Photography; pág. 83: © Art Kowalsky/Alamy; pág. 85 alto: © Oscar García Bayerri/AGE Fotostock; pág. 85 embaixo: © Xavier Subias/AGE Fotostock; pág. 87 alto: © Quim Roser i Puig Photography; pág. 87 embaixo: © John Elk III/Lonely Planet Images; pág. 89 embaixo: © Josep Curto/AGE Fotostock; pág. 91 alto: © travelstock44/Alamy; pág. 92 alto: © Quim Roser i Puig Photography; pág. 93: © Neil Schlecht; pág. 99 alto: © Richard Bryant/Arcaid / Alamy; pág. 99 embaixo: © Oso Media / Alamy; pág. 100 alto: © Quim Roser i Puig Photography; pág. 101 embaixo: © Quim Roser i Puig Photography; pág. 102 embaixo: © Rough Guides/Alamy; pág. 103 alto: © Quim Roser i Puig Photography; pág. 103 embaixo: © Quim Roser i Puig Photography; pág. 104 alto: © Quim Roser i Puig Photography; pág. 105 alto: © Quim Roser i Puig Photography; pág. 105 embaixo: © Quim Roser i Puig Photography; pág. 106 embaixo: © Quim Roser i Puig Photography; pág. 107: © Karolina Krasuska/Everynight Images/Alamy; pág. 108 embaixo: © Quim Roser i Puig Photography; pág. 112 alto: © Quim Roser i Puig Photography; pág. 112 embaixo: © Quim Roser i Puig Photography; pág. 113 alto: © Quim Roser i Puig Photography; pág. 113 embaixo: © Rough Guides / Alamy; pág. 114 embaixo: © Andrew Butterton/Alamy; pág. 115 alto: © Quim Roser i Puig Photography; pág. 115 embaixo: © John Ferro Sims / Alamy; pág. 116 embaixo: © Quim Roser i Puig Photography; pág. 117 alto: © Quim Roser i Puig Photography; pág. 118 alto: © Quim Roser i Puig Photography; pág. 119: © Quim Roser i Puig Photography; pág. 120 embaixo: © Quim Roser i Puig Photography; pág. 124 embaixo: © Quim Roser i Puig Photography; pág. 125 alto: © Quim Roser i Puig Photography; pág. 126 alto: © Quim Roser i Puig Photography; pág. 127 embaixo: © Quim Roser i Puig Photography; pág. 130 alto: © Xavier Florensa/AGE Fotostock; pág. 131: © Quim Roser i Puig Photography; pág. 137 alto: © Quim Roser i Puig Photography; pág. 137 embaixo: © Quim Roser i Puig Photography; pág. 139 embaixo: © Neil Schlecht; pág. 140 alto: © Quim Roser i Puig Photography; pág. 141 embaixo: © Quim Roser i Puig Photography; pág. 142 alto: © Quim Roser i Puig Photography; pág. 142 embaixo: © Quim Roser i Puig Photography; pág. 143 alto: © Quim Roser i Puig Photography; pág. 144 alto: © Quim Roser i Puig Photography; pág. 145: © Brian Lawrence/SuperStock; pág. 146 embaixo: © Dirk Hedemann/Alamy; pág. 147 alto: © Dirk Hedemann/Alamy; pág. 149 alto: © Jordi Camí/AGE Fotostock; pág. 151 alto: © Jordi Camí/AGE Fotostock; pág. 151 embaixo: © Tolo Balaguer/AGE Fotostock; pág. 152 alto: © Victor Kotler/AGE Fotostock; pág. 152 embaixo: © Toño Labra/AGE Fotostock; pág. 155 embaixo: © Peter Adams Photography/Alamy; pág. 157 alto: © Jerónimo Alba/AGE Fotostock, Inc.; pág. 157 embaixo: © Xavier Subias/AGE Fotostock; pág. 159: © Brian Lawrence/SuperStock

Guias **Frommer's**®

dia a dia™

Todas as maneiras de explorar a cidade

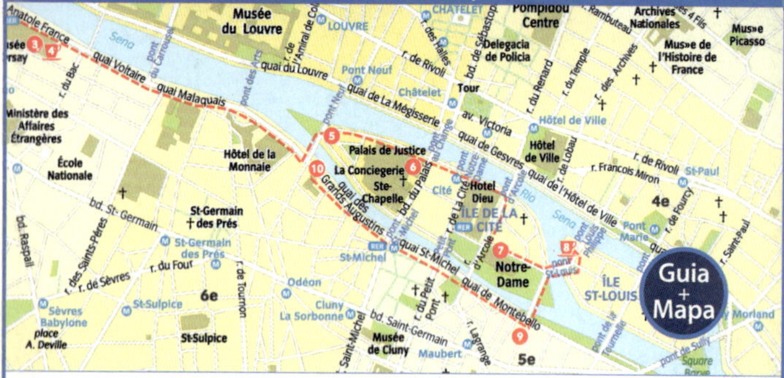

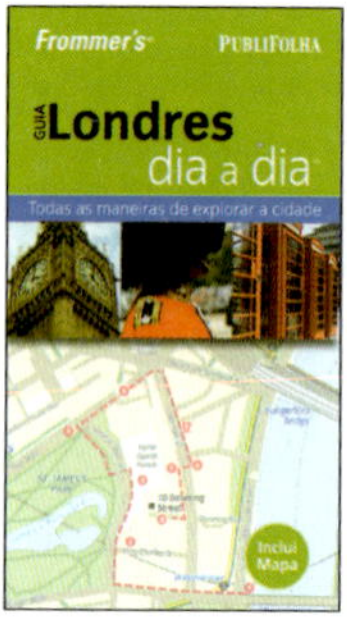

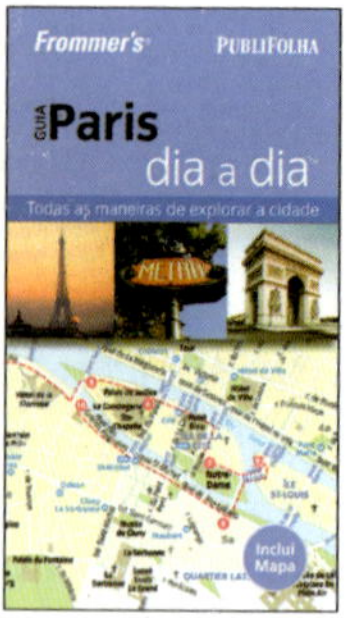

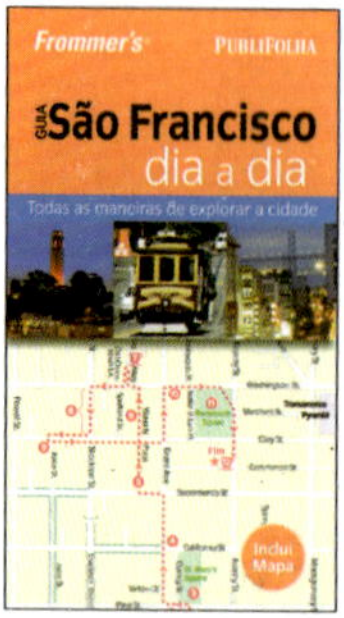